AFRIKAANS

Helena van Schalkwyk

TEACH YOURSELF BOOKS

ISBN 186812 470 3

First edition, first impression 1998
Second edition, first impression 1993
20 19 18 17 16 15 14 13 12

Published by
Southern Book Publishers
(A division of the Struik New Holland Group)
PO Box 5563, Rivonia 2128

Illustrations by D.M. Havinga
Set in 10 on 11 pt Times Roman
by CTP Book Printers, Cape
Printed and bound by
Kyodo Printing Co (S'pore) Pte Ltd, Singapore

Contents

Introduction

We do not live in isolation, but through continuous interaction with our fellow human beings and life around us. English-speaking newcomers to South Africa are in a fortunate position in that they can use their mother tongue throughout South Africa and be understood. At times, however, they come across mainly Afrikaans-speaking communities and find themselves at a loss. Or many immigrant parents often realize that their children, who study Afrikaans at school, have an advantage over them in that they can express themselves effectively in the other official language, Afrikaans. For these people and for unilingual South Africans and foreigners we have compiled this course in communicating in Afrikaans. The language in this book reflects Afrikaans as used by the ordinary person in oral and written communication. We believe that language is meaning-based. The most immediate need is to be able to refer to a core of basics in the real world, that is, for instance, to be able to name things, states, events and attributes, *using* the words the speaker knows. The learner must also be able to link words together to express propositions – the building blocks of communication. The first task in learning to communicate is to create propositions. But we must go beyond child language where, for a child to make himself understood: "me hungry" – "ek honger" is sufficient. We must reach a standard adult syntax where "Please give me something to eat" – "Gee my asseblief iets om te eet" is much more acceptable. Furthermore, in studying a new language we must strive to create a feel for the correct word order, mood or register. This can easily be achieved if we approach language from a communicative angle and a natural style. In this conversational speech one becomes familiar with transactional skills, such as how to ask for directions, act in a post office, etc.

Language is influenced by communicative goals and processes. The effects of this interaction between the speaker, the listener and the message influence the communication process, but we are fully aware of the fact that there are many other barriers to communication, such as physical and psychological barriers that arise when the communicators have different values, ages, backgrounds, education, intelligence, interests, needs, occupations, etc. Our main concern in this book, however, lies in the removal of language barriers. If the speaker as well as the listener has a thorough understanding of a language, its structure and its idiom, and if there is proper feedback, language communication will be effective.

This book is intended for the individual who wishes to study alone, but can also be used in a class-situation. Although the book aims at the adult beginner, it is written in such a way that it could assist every pupil to enhance his language communication by increasing his vocabulary and by acquiring language skills.

The book is also aimed at the vast number of South Africans who possess only a working knowledge of Afrikaans and who feel that they would like, first, to master Afrikaans so as to communicate effectively both in speech and in writing; secondly, to read daily newspapers and magazines; and thirdly to appreciate literary works.

Teach yourself Afrikaans, therefore, aims at providing a basic conversational vocabulary and language patterns closely related to everyday life.

In this book the reader will be taught, *inter alia,* the acceptable way of introducing one another, of greeting one another and of conversing at social functions, together with the basics of grammar and idiom. Written communications, especially letter-writing, have not been neglected. The aim throughout has been to make two-way communication effective.

The units of the course aim to provide the particular language skills required in a given situation. Appropriate dialogues accompany each unit. Units 1 and 2 for instance, deal with understanding and answering simple questions. You will learn to give information about yourself and other people. You will be able to introduce people and greet them formally and informally.

The section on grammar will teach you the rudiments of simple structures. You will learn to talk about the present, the past and the future.

In Unit 4 you will learn how to ask for, and to understand, directions.

Unit 6 deals with matters pertaining to travel, from booking your seat to your arrival at a destination.

Further units deal with housing, food, shopping, telecommunication, road safety, employment, health, sport, games, holidays and the South African scene – each in an appropriate setting.

Initially instructions will be given in English. Afrikaans instructions will be introduced gradually.

Dialogues

The dialogues form an important part of the book. They are examples of spoken Afrikaans in everyday situations. The vocabulary below each dialogue and the alphabetical vocabulary at the back of the book will enable you to understand the dialogues without difficulty. However, it will also be necessary to refer to a good bilingual dictionary from time to time. We suggest that you use the *Reader's Digest Afrikaans-Engelse Woordeboek/ English-Afrikaans Dictionary*, Cape Town: Reader's Digest Association South Africa (Pty) Ltd (1987).

Notes

Grammatical structures are not taught for their own sake, but are always provided for practical reasons.

Exercises

Practical exercises fall into the following categories:

True or false?

This comprehension exercise is based on the content of the dialogue. You should read the statement, refer to the text if necessary and then state whether the statement is true or false. Try to refrain from guessing. You are often required to rewrite correctly the statements which are false.

Answer in English

These questions are generally in English and are based on a dialogue in Afrikaans.

Answer in Afrikaans

Open-ended questions are generally avoided so as to enable you to correct your answers. The correct answers can be found at the back of the book in a key to the exercises. This type of question checks your understanding of Afrikaans. Your ability to answer briefly and to the point is checked at the same time.

New language functions are normally practised in these questions. For this type of question you are required to link responses to cues.

Select the correct answer

This type of comprehension exercise is also based on dialogue. It is a multiple choice exercise.

Comprehension

This is a reading and comprehension exercise. The material for these exercises is taken from documents, advertisements, announcements, lists of films and shows, exhibitions, books, news – so-called realia – or from narrative passages. This section will also teach you something about the geography, history, culture and people of South Africa.

The questions are meant to test your comprehension and to give you clues to meaning.

Fill in the missing word

This exercise is also a comprehension exercise. You are expected to select the missing word from a given list. This exercise teaches you to distinguish between nouns, verbs, adjectives, adverbs, prepositions, etc.

Use of the book

Although *Teach yourself Afrikaans* is intended to be self-tuitional, it could also be used successfully in conversational courses for beginners at schools, colleges and other institutions where language is taught. Those who wish to improve their Afrikaans could also benefit by studying this book.

Study procedure

1 First read the introduction to each unit as it states the purpose of the lesson.
2 Read the dialogue and try to understand the subject matter of

the conversation and try to attain an overall idea of the situation.

3 Then try to work out the details from the vocabulary list and expressions given. Do spend time in trying to make sense of the conversation and in learning new vocabulary and structures systematically.
Application: Try to transfer the language you have learned in a certain type of situation to other similar situations. Practise daily.
4 Refer to the sections on grammar to understand the meaning of main grammatical structures such as the formation of plurals, diminutives, tenses, etc.
5 Reread the conversation until you are satisfied that it is quite clear.
6 Turn to the exercises and try to answer the questions, which test your understanding of the dialogue.
7 Compare your answers with the answers given at the end of the book. Correct your mistakes.

Afrikaans – the language

Afrikaans, the youngest Germanic language, stems from seventeenth-century Dutch – from which it developed spontaneously for three centuries on the African continent. It is now an independent language which has severed its main ties with Dutch, while still retaining its Germanic character. As such it is a language cousin of English. The family relationship accounts for many resemblances to English – as you will see when comparing vocabulary, grammar and idiom.

Let us, for instance, look at the following simple sentence in which the resemblance is obvious:

My pen is in my hand.

This sentence could be either English or Afrikaans. The same words (admittedly with a difference in pronunciation) are arranged in exactly the same way in both languages to form a sentence. You will also note a simplification of grammar compared to German, for instance, in that there are no declensions and inflections in this sentence.

From the point of view of grammar, Afrikaans is considered to be a very easy language. For instance, once you have learnt a verb you can use that form for all persons, singular and plural.

Example

My seun **is** in die park. (My son **is** in the park.)
My seuns **is** in die park. (My sons **are** in the park.)
Mnr. Brown **drink** koffie. (Mr Brown drinks coffee.)
Mnr. en mev. Brown **drink** koffie. (Mr and Mrs Brown **drink** coffee.)

Pronunciation

Afrikaans is a phonetic language. Words are generally pronounced as they are spelled and there are no silent letters in Afrikaans. This pronunciation guide was developed by Reader's Digest South Africa for their English/Afrikaans bilingual dictionary in order to help English-speaking users pronounce Afrikaans words. In selecting it in order to help our readers, we recommend that you use the *Reader's Digest English/Afrikaans Dictionary* as your main source of reference for the meaning and pronunciation of Afrikaans words.

Letters which do not appear in this key are pronounced the same in Afrikaans as in English (e.g. b, h, l, m, n, p and t).

Letters underlined have a longer sound than the same letters not underlined. A line above a letter or letters indicates that the sound is shorter than that of the same letter or letters without such a line.

The stress mark (′) appears after the syllable which carries the main accent.

This is not intended to be a guide to completely correct pronunciation; it is merely an approximation using the sounds of English words. For instance, we have left the spelling *on-* (as in *onbeskadig* — undamaged) as 'on' in the pronunciation but this syllable is often pronounced as 'om' in some words and as a nasalised 'au' (as in cause) in others. To indicate all the variant pronunciations would be too confusing.

Pronunciation key

Symbol	*Afrikaans*	*English sound*	*Sample Afrikaans word*
â	i	like e in angel	sit (sât)
â	e/de	like e in angel	bevat(bâfut′)
â	u	like e in angel but with lips pouted	put (pât)
ai	ê	like ai in hair	hê (hai)
au	ô	like au in cause	môre (mau′râ)
ay	ei	like ay in play	bleik (blayk)
ay	y	like ay in play	yster (ays′târ)
ay	ui	like ay in play but longer and with lips pouted	lui (lay)
ayâ/ay′â	uie	like aye in player but longer and with lips pouted	beduie (bâday′â)
ch	ch	guttural like ch in loch	chemie (chee′mi)
ch	g	guttural like ch in loch	groot (chRoowt)
e	e	like e in hen	ken (ken)
ea/e′a	eë/ië	like ea in fear (two sounds)	leë (le′a), skiër (ske′ar)
ee	e	like ee in deer	edel (ee′dâl)
ee	ee	like ee in deer	een (een)
ee	eu	like ee in deer with lips pouted	deur (deer)
ew	eu	like ew in few but shorter	euforie (ewfoori′)
ew	eeu/ieu	like ew in few	eeufees (ew′fees)
f	v	like f in fun	vul (fâl)
g	gh	like g in golf	gholf (golf)

Symbol	*Afrikaans*	*English sound*	*Sample Afrikaans word*
i	ie	like i in sick	siek (sik)
î	u	like i in sick but with lips pouted	u (form of address - î)
i	ie	like ee in breed	dier (d i r)
ii	u/uu	like ee in breed but with lips pouted	duur (diir)
k	c/ch	like k in kitten	chloor (kloowr)
			Calvinis (kulfinâs')
kân	kn	like c in cat followed by n in no with rapidly spoken â sound in between	knoop (kânoowp')
ng	nk	like ng in sing	bank (bungk)
o	o	like o in fort, but shorter	oggend (o'chânt)
oa	ou	like oa in coat	bout (boat)
oo	oe	like oo in loot	voer (foor)
oo	o/oe	like oo in loot but shorter	euforie (ewfoori'),
			voet (foot)
oo'e	oë/oeë	like oe in doer	vermoë (fârmoo'e)
oow	o/oo	like oo in loot but followed by a rapidly spoken w with lips pouted	bode (boow'dâ)
			soom (soowm)
ow	a(a)u	like ow in cow	gemia(a)u (châmiow')
oy	o	like oy in boy	potjie (poy'ki)
R	r	strongly rolled - almost Scots	rond (Ront)
r	r	like r in very (lightly rolled)	duiker (day'kâr)
s	c	like s in size	celsius (sel'siâs)
sh	ch/sj	like sh in shot	China (Shi'nu)

Symbol	*Afrikaans*	*English sound*	*Sample Afrikaans word*
<u>sh</u>	g	like shin shot but voiced	genre (<u>shu</u>n′râ)
tch	tj	like ch in chunk	tjank (tchungk)
t	d	like t in tart	bed (bet)
u	a	like u in cup	kap (kup)
<u>u</u>	aa or a	like u in cup but longer like ah	daad (d<u>u</u>t)
<u>u</u>â/<u>u</u>′â	ae	like u in dust but longer like ah, followed by article ‘a’	dae (d<u>u</u>′â)
v	w	like v in visit	water (v<u>u</u>′târ)
w	w	like w in swoop	swem (swem)
woi	ooi	like oi in oil but preceded by a rapidly spoken w	sooi (swoi)
wooey	oei	like ooey in phooey but preceded by a rapidly spoken w	koei (kwooey)
y	j	like y in you	jammer (yu′mâr)
<u>y</u>	aa/aai	like y in why	paai (p<u>y</u>)

1 In die kantoor

In this unit you will learn how to greet people and to ask and answer a few questions.

Hoe gaan dit?

Mr Brits is the manager of Protea Engineering. His employees want to learn to speak Afrikaans. Rita is his secretary.

Brits	Goeiemôre, Rita! Hoe gaan dit? (Hoe gaan dit met jou?)
Rita	Goed, dankie. Hoe gaan dit met u?
Brits	Uitstekend.
Rita	'n Koppie tee?
Brits	Nee dankie. Wanneer kom Peter Smith?
Rita	Tien uur.
Brits	Is hy Engels?
Rita	Ja, hy praat Engels. Hy verstaan ook 'n bietjie Afrikaans.
Brits	Waarvandaan kom hy?
Rita	Van Zimbabwe af.

In die kantoor	*In the office*
Goeiemôre!	*Good morning!*
Hoe gaan dit? (Hoe gaan dit met jou?)	*How are you? (Informal)*
Goed, dankie.	*I am well, thank you.*
Hoe gaan dit met u?	*How are you? (Formal)*
Uitstekend.	*Very well.*
'n Koppie tee?	*A cup of tea?*
Nee dankie.	*No thanks.*
Wanneer kom . . . ?	*When is . . . coming?*
Tien uur.	*Ten o'clock.*
Is hy Engels?	*Is he English?*
Ja. Hy praat Engels.	*Yes. He speaks English.*

Hy verstaan ook 'n bietjie Afrikaans.	*He also understands a little Afrikaans.*
Waarvandaan kom hy?	*Where is he from?*
Van Zimbabwe af.	*From Zimbabwe.*

Greeting

Goeiemôre, Meneer. Hoe gaan dit?	*Good morning, Sir.*
Goeiemiddag, Mevrou. Hoe gaan dit met u?	*Good afternoon, Madam.*
Goeienaand, Juffrou. Hoe gaan dit met jou?	*Good evening, Miss . . .*
Goeienag!	*Good night!*

Titles

	English abbreviation	*Afrikaans abbreviation*
Meneer Smit	**Mr** Smit	**Mnr.** Smit
Mevrou Smit	**Mrs** Smit	**Mev.** Smit
Mejuffrou/Juffrou Smit	**Miss** Smit	**Mej.** Smit

Wat is u naam?

Brits	Wat is u naam?
Sheila	Ek is Sheila MacDonald.
Brits	En u naam?
Dave	Ek is Dave Miller.
Brits	Wie is die dame?
Dave	Sy is my vrou, Mary.
Brits	Kom sit. Waar is dr. Jones?
Jones	Hier is ek.
Brits	Is Jack Williams hier?
Jones	Ja, daar is hy.

Brits	Kom u van Engeland af, mnr. Williams?
Williams	Nee, van Skotland af.
Brits	Welkom, dames en here.

Wat is u naam?	*What is your name?*
Ek is . . .	*I am . . .*
en	*and*
Wie is die dame?	*Who is the lady?*
Sy is my vrou.	*She is my wife.*
Kom sit asseblief.	*Please sit down.*
Waar is dr. Jones?	*Where is Dr Jones?*
Hier is ek.	*Here I am.*
Daar is hy.	*There he is.*
Kom u van Engeland af?	*Are you from England?*
Nee, van Skotland af.	*No, I am from Scotland.*
Welkom, dames en here.	*Welcome, ladies and gentlemen.*

Waar is . . .?

Cook	Goeienaand!
Smith	Waar is die poskantoor?
Cook	In Hoofweg.
Smith	Waar is die stasie?
Cook	Langs die poskantoor.
Smith	Waar is die bank?
Cook	Agter die stasie.

Waar is . . . ?	*Where is . . . ?*
die poskantoor	*the post office*
in Hoofweg	*in Main Road*
die stasie	*the station*
langs	*next to*
die bank	*the bank*
agter	*behind*

Wat is dit in Afrikaans?

Brits	Wat is dit?
Davids	Dit is 'n tafel.
Brits	En dit?
Davids	Dit is 'n stoel.

Brits Wat is dit hierdie?
Davids Dis die deur.
Brits Wat is dit daardie?
Davids Dis 'n muur.
Brits U leer vinnig.

Wat is dit?	*What is this?*
Dit is 'n tafel.	*It is a table.*
Dis 'n stoel.	*It's a chair.*
Wat is dit hierdie?	*What is this here?*
die deur	*the door*
Wat is dit daardie?	*What is that over there?*
'n muur	*a wall*
U leer vinnig.	*You are learning fast.*

A telephone conversation

Rita Protea. Goeiemôre. Kan ek help?
Smith Goeiemôre. Peter Smith hier. Hoe laat begin die Afrikaanse klas, Mevrou?
Rita Vyfuur. Net na werk.
Smith Waar?
Rita In die raadskamer. Kom jy vanmiddag?
Smith Ja. Wie gaan ons leer?
Rita Julle gaan nou na mnr. Visser se klas.

Kan ek help?	*Can I help?*
Hoe laat begin die Afrikaanse klas?	*What time does the Afrikaans class start?*
vyf-uur	*five o'clock*
Net na werk.	*Just after work.*
In die raadskamer.	*In the boardroom.*
Kom jy vanmiddag?	*Are you coming this afternoon?*
Wie gaan ons leer?	*Who will teach us?*
Julle gaan na mnr. Visser se klas.	*You are going to Mr Visser's class.*
nou	*now*

Notes

1 There are two forms each for *you* (singular) and *you* (plural) in Afrikaans:

(i) The intimate or informal **jy** (sing.) is used when you speak to an acquaintance, a relative, friend, child or peer. The plural is **julle**.

(ii) The formal **u** (sing. and plural) is used when you address a senior, your employer, a complete stranger, a distinguished person, or anyone to whom you wish to show respect.

2 The form of the verb is the same for all persons.

ek (I) **jy, u** (you) **hy** (he) **sy** (she) **ons** (we) **julle, u** (you) **hulle** (they)	**leer Afrikaans**

3 **Se** indicates possession:

Mnr. Brits **se** sekretaresse.	Mr Brits's secretary.
Mnr. Visser **se** klas.	Mr Visser's class.

4 There are two forms for enquiring after someone's health.

Informal or intimate:	Hoe gaan dit met **jou**?
Formal:	Hoe gaan dit met **u?**

(Literally: how goes it with you?) Note that the informal **jy** has changed to **jou** after the preposition **met** (with). (More about this at a later stage.)

This expression is often shortened to: Hoe gaan dit?

5 The definite article **the** is **die.**
The indefinite article **a** is **'n.**
Note that **'n** is always a small letter preceded by an apostrophe.

6 Questioning words:

wat?	what?
hoe?	how?
wanneer?	when?
wie?	who?
waar?	where?
waarvandaan?	from where?

7 The verb **leer** is used for both **learn** and **teach**.

EXERCISE 1

1 *Reg of verkeerd?* (True or false?)
The following statements concern the dialogues above. Say whether each is true or false. Rewrite those that are false.
- *(a)* Peter Smith praat en verstaan 'n bietjie Afrikaans.
- *(b)* Rita is mnr. Brits se vrou.
- *(c)* Die Afrikaanse klas begin na werk.
- *(d)* Peter kom van Skotland af.
- *(e)* Mnr. Williams kom van Skotland af.

2 *Vrae* (Questions)
- *(a)* Wie is mnr. Brits se sekretaresse?
- *(b)* Hoe laat begin die Afrikaanse klas?
- *(c)* Wat is mej. MacDonald se naam?
- *(d)* Waarvandaan kom mnr. Williams?
- *(e)* Waar is mnr. Visser se klas?

Begrip

Read the conversation, then answer the questions. This is an exercise on comprehension.
- *(a)* Can Smith and Jones speak and understand a little Afrikaans?
- *(b)* Who greets and welcomes everybody?
- *(c)* Is Miss MacDonald present?
- *(d)* Who turned up last?

Mnr. Visser	Goeiemiddag, dames en here. Baie welkom hier. Wie praat Afrikaans?
Smith	Ek praat en verstaan 'n bietjie Afrikaans.
Jones	Ek ook.
Visser	Waar is ons nou?
Smith	In die raadskamer.
Visser	Waar is mej. MacDonald?
Smith	Sy is in die kantoor.
Visser	Hier kom mnr. en mev. Miller. Kom sit.

2 Laat ek u voorstel

In this unit you will learn how to introduce people and to provide personal details. Numbers, names of days, months and public holidays will be given to assist you in general conversations.

Geniet u die les?

Brits	Laat ek u voorstel . . . mej. MacDonald . . . Peter Smith.
Sheila	Aangename kennis.
Peter	Bly te kenne . . . Kom u ook na die beginnersklas?
Sheila	Ja, ek begin vandag.
Brits	U kollegas is reeds in die klas. Kom asseblief saam met my.
Peter	Mag ek jou Sheila noem?
Sheila	Ja, seker.
Brits	Geniet u die les?
Almal	Ja, ons leer elke dag meer Afrikaans.
Brits	U is goeie studente.

Geniet u die les?	*Are you enjoying the lesson?*
Laat ek u voorstel.	*Let me introduce you.*
Aangename kennis.	*How do you do?*
Bly te kenne.	*Pleased to meet you.*
Kom u ook na die beginnersklas?	*Are you also attending the class for beginners?*
vandag	*today*
U kollegas is reeds in die klas	*Your colleagues are in the class already*
Kom asseblief saam met my.	*Please come with me.*
Mag ek jou Sheila noem? (jou – informal object form)	*May I call you Sheila?*
Ja, seker.	*Yes, certainly.*
Ons leer elke dag meer.	*We are learning more every day.*
U is goeie studente.	*You are good students.*

In die klas

Peter In wie se kantoor werk jy?
Sheila Ek is mnr. Brown se tikster.
Waar werk jy?
Peter Ek is 'n rekenmeester by die firma.

Kom ons gaan drink koffie

Peter Sheila, wat drink jy, koffie of tee?
Sheila: Koffie, dankie.
Peter Melk en suiker?
Sheila Nee dankie, ek drink my koffie swart en bitter.
Peter Wat doen jy môreaand?
Sheila Niks.
Peter Wat van bioskoop toe gaan? Dis naweek.
Sheila Graag, dit sal lekker wees.
Peter Wat is jou adres?
Sheila Ek woon in Brooklyn, Kerkstraat 10.
Peter Ek sien jou sewe-uur.

In wie se kantoor werk jy?	*In whose office do you work?*
tikster	*typist*
rekenmeester	*accountant*
by die firma	*at the company*
Kom ons gaan drink koffie.	*Let's go and have some coffee.*
melk en suiker	*milk and sugar*
swart en bitter	*black and bitter*
Wat doen jy môreaand?	*What are you doing tomorrow evening?*
Niks	*Nothing*
Dis naweek.	*It's week-end.*
Wat van bioskoop toe gaan?	*What about going to the cinema?*
Graag, dit sal lekker wees.	*I'd love to – it would be nice.*
Wat is jou adres?	*What is your address?*
Ek woon in Kerkstraat.	*I live in Church Street.*
Ek sien jou sewe uur.	*I'll see you at seven.*

Dae

Vandag is . . .	*Today is . . .*
Maandag	*Monday*
Dinsdag	*Tuesday*
Woensdag	*Wednesday*
Donderdag	*Thursday*
Vrydag	*Friday*
Saterdag	*Saturday*
Sondag	*Sunday*
Gister was dit Woensdag.	Yesterday was Wednesday.
Môre sal dit Vrydag wees.	Tomorrow will be Friday.

Maande

een	**(1)**	**Januarie**	January
twee	**(2)**	**Februarie**	February
drie	**(3)**	**Maart**	March
vier	**(4)**	**April**	April
vyf	**(5)**	**Mei**	May
ses	**(6)**	**Junie**	June
sewe	**(7)**	**Julie**	July
ag	**(8)**	**Augustus**	August
nege	**(9)**	**September**	September
tien	**(10)**	**Oktober**	October
elf	**(11)**	**November**	November
twaalf	**(12)**	**Desember**	December

Wat is die datum vandag?/Die hoeveelste is dit vandag?

Dis die **eerste** Januarie (first)
tweede Februarie (second)
derde Maart (third)
vierde April (fourth)
vyfde Mei (fifth)
sesde Junie (sixth)
sewende Julie (seventh)
agste Augustus (eighth)
negende September (ninth)
tiende Oktober (tenth)
elfde November (eleventh)
twaalfde Desember (twelfth)

dae/dag	*days/day*
vandag	*today*
gister	*yesterday*
maand	*month*
môre	*tomorrow*
Wat is die datum vandag?/ Die hoeveelste is dit vandag?	*What is the date today?*

Openbare vakansiedae

The following public holidays are observed in South Africa (note the abbreviations of the months):

Nuwejaarsdag	1 Jan.	New Year's Day
Stigtingsdag	6 Apr.	Founders' Day
Goeie Vrydag	Apr.	Good Friday
Gesinsdag	Apr.	Family Day
Werkersdag	1 Mei	Workers' Day
Hemelvaartdag	Mei	Ascension Day
Republiekdag	31 Mei	Republic Day
Krugerdag	10 Okt.	Kruger Day
Geloftedag	16 Des.	Day of the Vow
Kersfees	25 Des.	Christmas Day
Welwillendheidsdag	26 Des.	Day of Goodwill

Note that public holidays are under revision and might be changed.

Meer getalle

13 **dertien**
14 **veertien**
15 **vyftien**
16 **sestien**
17 **sewentien**
18 **agtien**
19 **negentien**
20 **twintig**
21 **een en twintig**
22 **twee en twintig**

30 **dertig**
31 **een en dertig**
40 **veertig**
50 **vyftig**
60 **sestig**
70 **sewentig**
80 **tagtig**
90 **negentig**
99 **nege en negentig**
100 **honderd**

die **dertiende**	13th
die **veertiende**	14th
die **vyftiende**	15th
die **sestiende**	16th
die **twintigste**	20th
die **een en twintigste**	21st
die **sestigste**	60th

Note that numbers, such as twenty-one are joined by *en*, e.g. *een en twintig*, which may also be written *een-en-twintig*.

Praat oor uself

Rita U voorname, Mevrou?
Joyce Joyce Ann.
Rita U van?
Joyce Walker.
Rita U ouderdom?
Joyce Een en dertig.
Rita Is u getroud, geskei of 'n weduwee?
Joyce Ek is getroud.
Rita Wat is u man se voorletters?
Joyce L. M.
Rita Wat is sy beroep?
Joyce Hy is 'n prokureur.
Rita Hoeveel kinders het u?
Joyce Drie.
Rita Hoe oud is hulle?
Joyce Twee, vier en vyf.
Rita Waar woon u?
Joyce My adres is Hoofweg 34, Pretoria-Noord.
Rita Wat is u kwalifikasies?
Joyce Ek het 'n diploma in handel/handelsdiploma.

Praat oor uself	*Speak about yourself*
voorname	*first names*
u van	*your surname*
ouderdom	*age*
getroud	*married*
geskei	*divorced*

'n weduwee	*a widow*
man	*husband*
voorletters	*initials*
beroep	*occupation*
prokureur	*lawyer*
Waar woon u?	*Where do you live?*
Hoeveel kinders het u?	*How many children have you got?*
Hoe oud is hulle?	*How old are they?*
adres, Pretoria-Noord	*address, Pretoria North*
kwalifikasies	*qualifications*
diploma in handel (handelsdiploma)	*diploma in commerce (commercial diploma)*

Notes

1 *Jou* is the object form of *jy*. Example: "Laat ek *jou* voorstel." Let me introduce *you*. Instead of "Laat ek u voorstel" you could use the following:
"Laat ek u bekendstel/Ontmoet . . ." (formal) or "Laat ek jou/julle bekendstel" (informal)

2 Instead of reeds (already) you can use *al* or *alreeds*.

EXERCISE 2

1 Reg of verkeerd? True or false? If false write down the correct answer.
- *(a)* Mevrou Walker is geskei.
- *(b)* Meneer Walker is 'n rekenmeester.
- *(c)* Hulle het drie kinders.
- *(d)* Sheila MacDonald werk in mnr. Brits se kantoor.
- *(e)* Sheila en Peter gaan die naweek bioskoop toe.

2 Vrae
- *(a)* Wat is Sheila se beroep?
- *(b)* Wat doen Sheila môreaand?
- *(c)* Waar woon mev. Walker?
- *(d)* Wat is mnr. Walker se beroep?
- *(c)* Hoeveel kinders het die Walkers?

Begrip

Answer the following questions after reading the conversation below?

(a) What is the normal polite Afrikaans phrase you would use when introduced to a person?

(b) How would you ask Piet in Afrikaans to pass you the sugar?

Jan Goeiemôre Henk. Ontmoet Piet Swart. Piet, dis nou Henk de Wet.
Henk Aangename kennis.
Piet Bly te kenne.
Henk Kom ons gaan drink koffie in my kantoor.
Piet Baie dankie.
Henk Piet, gee my asseblief die melk aan.
Piet Suiker?
Henk Nee dankie, ek drink my koffie bitter.

3 Hoe groot is jou gesin?

In this unit you will meet the nuclear family circle and learn to talk about daily activities.

Die gesin

Jan Hoe groot is jou gesin?
Piet Ons het twee seuns en twee dogters.
Jan Hoeveel is al op skool?
Piet Die twee seuns. Die dogters is in die kleuterskool.
Jan Werk jou vrou?
Piet Nee, sy doen baie naaldwerk tuis en is baie besig.
Jan Hou jy nog van tuinmaak?
Piet Ja, maar ek het min tyd. My pa help soms in die tuin.
Jan Woon jou ouers by julle?
Piet Ja, net tydelik. Hulle verhuis aanstaande maand na Kaapstad.
Jan Waarom?
Piet My ma wil by die kus wees.
Jan Is jou broer al getroud?
Piet Nee, Koos is nog ongetroud. Sy verloofde woon in Durban.
Jan Woon jou suster ook in Durban?
Piet Ja, sy is baie lief vir Natal.

Hoe groot is jou gesin?	*How big is your family?*
Die gesin	*The family*
seuns en dogters	*sons and daughters*
hoeveel?	*how many?*
op skool	*at school*
in die kleuterskool	*at nursery school*
jou vrou	*your wife*
naaldwerk	*sewing*
tuis	*at home*

besig	*busy*
Hou jy nog van tuinmaak?	*Are you still fond of gardening?*
maar	*but*
min tyd	*little time*
My pa help soms in die tuin.	*My father sometimes helps in the garden.*
ouers	*parents*
by julle	*with you*
net tydelik	*only temporarily*
verhuis	*are moving*
aanstaande maand	*next month*
na Kaapstad	*to Cape Town*
Waarom?	*Why?*
My ma wil by die kus wees.	*My mother wants to be at the coast.*
Is jou broer getroud?	*Is your brother married?*
Hy is nog ongetroud.	*He is still single (unmarried).*
sy verloofde	*his fiancée*
jou suster	*your sister*
Sy is baie lief vir Natal.	*She loves Natal very much.*

Om die tafel

Ma Kom eet.
Pa Maak gou. Ma het klaar opgeskep.
Danie Ek kom nou-nou.
Pa Kom dadelik, die kos word koud.
Sannie Ek wil nie eet nie.
Ma Wat? Wie het vir jou lekkers gegee?
Sannie Niemand nie, ek is nie honger nie, net dors.
Ma Is jy siek?
Sannie My maag is seer.
Ma Ja, jou kop voel warm. Jy het koors. Kom drink hierdie medisyne.
Sannie Nee, Ma, ek is klaar gesond.
Ma Kom drink.
Danie Die medisyne is sleg, nè?
Ma Pa, kan ek vir jou nog 'n bietjie skep?
Pa Nee, dankie. Ek het genoeg gehad.

Om die tafel	*At the table*
Kom eet.	*Come and eat.*
Maak gou.	*Hurry up.*
Ma het klaar opgeskep.	*Mom has already dished up the food.*
nou-nou	*soon*
Kom dadelik.	*Come immediately.*
Die kos word koud.	*The food is getting cold.*
Ek wil nie eet nie.	*I don't want to eat.*
Wie het vir jou lekkers gegee?	*Who has given you sweets?*
Niemand nie	*Nobody*
Ek is nie honger nie, net dors.	*I am not hungry, only thirsty.*
Is jy siek?	*Are you sick?*
My maag is seer.	*I have a stomach ache.*
Jou kop voel warm.	*Your forehead feels warm.*
Jy het koors.	*You have a fever.*
medisyne	*medicine*
Ek is klaar gesond.	*I am already well*
sleg	*bad*
nè	*isn't that so?*
nog 'n bietjie	*a little more*
genoeg	*enough*

Ons gaan kuier

Pa	Ons gaan by ons familie op die plaas kuier.
Ma	Wanneer?
Pa	Gedurende die skoolvakansie, vir twee weke.
Ma	Dit sal heerlik wees want ek is moeg. Ek gaan baie rus.
Hettie	Ek gaan perdry.
Danie	Jy is te klein.
Hettie	Ek kan op oom Paul se ponie ry.
Dirk	Ek gaan visvang.
Sannie	Ek gaan in die dam swem en saans eiers uithaal vir tant Dora.
Hettie	Gaan Ouma en Oupa saam plaas toe?
Ma	Nee, hulle bly tuis.

Ons gaan by ons familie op die plaas kuier.	*We are going to visit our relatives on the farm.*
Gedurende die skoolvakansie.	*During the school holidays.*
vir twee weke	*for two weeks (a fortnight)*
Dit sal heerlik wees.	*That will be great.*
want	*because*
ek is moeg en gaan baie rus.	*I am tired and am going to rest a lot.*
Ek gaan perdry.	*I'm going to do some horse-riding.*
te klein	*too small*
ponie	*pony*
visvang	*fish*
in die dam swem	*swim in the dam*
Ek gaan saans eiers uithaal vir tant Dora.	*In the evening I am going to collect eggs for Aunt Dora.*
ouma	*granny*
oupa	*granddad*
bly	*stay*
tuis	*at home*

Notes

1 Differentiate between **gesin** and **familie**:

gesin – the nuclear family
familie – the extended family

2 Learn the following prepositions:

in – in
op – on
by – with, at
na – to (direction)
vir – to

3 To form the negative, place **nie** (not) directly after the verb.
Positive *Ek praat.*
Negative *Ek praat* **nie**.

Note the use of the double negative in Afrikaans. When the sentence has an object, **nie** is used twice to express negation.

Positive *Ek praat Afrikaans.*
Negative *Ek praat* **nie** *Afrikaans* **nie.**

The first **nie** follows the verb. The last **nie** is at the end of the sentence. The double negative is also used as follows:
Ek gaan **nie** eet **nie**. I am not going to eat.
Ek is **nie** honger **nie**. I am not hungry.
Ek is **nie** moeg **nie**. I am not tired.

4 The use of *wees (to be):*
Ek wil by die huis **wees**. (I want to be at home.)
Jy sal môre gesond **wees**. (You'll be well tomorrow.)

5 The past tense is normally formed by using *het* (has, have) plus the past participle of the verb, which generally starts with the prefix *ge-*.
Examples
doen: **het gedoen**
Hy **het** sy werk **gedoen**. (He has done/did his work.)

Sy **het** Afrikaans **gepraat**. (She spoke/has spoken Afrikaans.)
Ons **het** ons kos **geëet**. (We ate/have eaten our food.)

Note the diaeresis in the spelling of **geëet**. It is used to indicate that **ge-** is pronounced separately **ge-eet**.

You will have noticed that in Afrikaans the same form is used for both Past Tense and Present Perfect. E.g. Sy **het** Afrikaans **gepraat** – spoke/has spoken.

If a verb starts with the prefix *ver-* e.g. **verhuis**, no **ge-** is added in the past tense.

Hulle **het** na Durban **verhuis**.

Remember the past tense of **is**, namely **was**.

Example:
Present Ek **is** siek.
Past Ek **was** siek.

6 Idiomatic expressions

Ek hou van . . .	I like . . .
Waarvan hou jy?	What do you like?

EXERCISE 3

1 Read the dialogues above and answer the questions.
Vrae
(a) Hoeveel kinders het Piet?
(b) Wie is op skool?
(c) Waar is die twee dogters?
(d) Wat doen Piet se vrou?
(e) Wie help tuinmaak?
(f) Waarheen verhuis Piet se ouers?
(g) Waarom verhuis hulle na Kaapstad?
(h) Waar woon Koos se verloofde?

2 Read the dialogue "Ons gaan kuier" in this unit and negate the following statements:
e.g. *Ek gaan plaas toe.*
Ek gaan nie plaas toe nie.
(a) Hettie het gaan perdry.
(b) Dirk gaan visvang.
(c) Sannie swem.
(d) Sy gaan eiers uithaal.
(e) Ma is moeg.

3 State that the action took place in the past:
e.g. *Sannie drink die medisyne.*
Sannie het die medisyne gedrink.
(a) Jy is siek.
(b) Hettie ry op die ponie.
(c) Dirk vang 'n vis.
(d) Sannie swem.
(e) Ouma en Oupa verhuis.

Begrip

Read the passage below and answer the questions.
(a) Waar het die gesin Swart gaan kuier?
(b) Wat het die kinders gedoen?
(c) Waarom het die ouers baie gerus?

Die gesin Swart het op oom Paul en tant Dora se plaas gaan

kuier. Dirk het elke dag twee visse gevang en Hettie het perdgery. Hettie het een aand twaalf eiers vir tant Dora gebring en Sannie het baie geswem.

Oupa en Ouma het nie saamgegaan nie.

Mnr. en mev. Swart het baie gerus want hulle was moeg.

4 Hoe kom ek by . . . ?

In this unit you will learn to indicate directions and answer short questions during a job interview.

In die straat

Tom Black has applied for a job at Protea. He has lost his way.

Tom Verskoon my asseblief. Ek het verdwaal. Waar is die firma Protea?

Verbyganger Nie ver hiervandaan nie. Stap reguit aan. Draai regs by die derde straat. Die gebou is op die hoek van Boom- en Loopstraat.

Tom Baie dankie, Meneer.

Verbyganger Dis 'n plesier.

Reguit

Links

Hoe kom ek by . . . ?	*How do I get to . . . ?*
In die straat	*In the street*
Verskoon my asseblief.	*Please excuse me.*
Ek het verdwaal.	*I have lost my way.*
verbyganger	*passer-by*
Nie ver hiervandaan nie.	*Not far from here.*
Stap reguit aan.	*Walk straight along.*
Draai regs by	*Turn right at*
gebou	*building*
op die hoek	*at the corner*
Dis 'n plesier.	*It's a pleasure.*
links	*left*

In die gebou

Tom	Waar is die bestuurder se kantoor, asseblief?
Sekuriteitsbeampte	Het u 'n afspraak?
Tom	Ja.
Sekuriteitsbeampte	Mnr. Brits is op die eerste verdieping. Gebruik die hyser. Sy kantoornommer is 22, aan die linkerkant. Teken asseblief die besoekersboek.
Tom	Ek stap sommer met die trap op.

In die gebou	*In the building*
bestuurder	*manager*
sekuriteitsbeampte	*security officer*
afspraak	*appointment*
op die eerste verdieping	*on the first floor*
gebruik die hyser	*use the lift*
sy kantoornommer	*his office number*
aan die linkerkant (links)	*on the left*
teken	*sign*
besoekersboek	*visitors' register*
ek stap sommer	*I'll (just) walk up.*
met die trap op	*with the stairs*

Die onderhoud

Brits	Goeiemiddag, mnr. Black. Sit gerus.
Tom	Dankie.
Brits	Het u met u motor gekom?
Tom	Nee, ek het van die hotel af gestap.
Brits	Ek sien u het aan die universiteit Rhodes gestudeer en het 'n honneursgraad in rekenaarwetenskap.
Tom	Dis reg.
Brits	Het u enige vrae?
Tom	Ja, ek wil graag 'n paar dinge weet. Die advertensie het nie verlofvoordele en 'n mediese skema genoem nie.

Brits Ja, ons verlofvoordele is goed, 'n maand per jaar. Ons gee ook 'n bonustjek en beskik oor 'n goeie mediese skema.
Tom Dit klink goed.
Brits Is u dadelik beskikbaar?
Tom Ja, ek kan enige tyd begin.
Brits Gaaf. Ons stel u binnekort in kennis.

onderhoud	*interview*
sit gerus	*please sit down*
motor	*car*
hotel	*hotel*
sien	*see*
aan die universiteit gestudeer	*studied at the university*
honneursgraad	*honours degree*
rekenaarwetenskap	*computer science*
dis reg	*that's correct*
enige vrae	*any questions*
ek wil graag 'n paar dinge weet	*I should like to know a few things.*
advertensie	*advertisement*
verlofvoordele	*leave benefits*
mediese skema	*medical scheme*
per jaar	*per year*
het nie genoem nie	*did not mention*
bonustjek	*bonus cheque*
Dit klink goed.	*That sounds good.*
Is u dadelik beskikbaar?	*Are you available immediately?*
ja, enige tyd	*yes, any time*
gaaf	*fine*
Ons stel u binnekort in kennis.	*We'll let you know soon.*

In die stad

Tom neem 'n taxi/huurmotor na die middestad.

Tom Na die middestad, asseblief.
Watter gebou is dit daardie?
Taxibestuurder Dis die museum.

Tom	En daardie een aan die regterkant?
Taxibestuurder	Dis die kunsgalery.
Tom	Is dit die toeristeburo? Tot hier, asseblief. Hoeveel moet ek betaal?
Taxibestuurder	Ses rand en vyftig sent (R6.50).

in die stad	*in the city*
taxi/huurmotor	*taxi*
middestad	*city centre*
watter	*which*
daardie een	*that one*
museum	*museum*
aan die regterkant	*on the right-hand side*
kunsgalery	*art gallery*
toeristeburo	*tourist bureau*
hoeveel moet ek betaal?	*how much must I pay?*
ses rand en vyftig sent	*six rand and fifty cents*

In die toeristeburo

Tom	Hoe ver is dit te voet na die dieretuin?
Beampte	Omtrent 'n uur se stap. Waarom ry u nie bus nie?
Tom	Waar is die naaste bushalte?
Beampte	Baie naby. 'n Blok hiervandaan.
Tom	Waar is die universiteit?
Beampte	Aan die ander kant van die stad. Ken u die stad?
Tom	Sleg.

hoe ver	*how far*
te voet	*on foot*
na die dieretuin	*to the zoo*
omtrent 'n uur se stap	*about an hour's walk*
Waarom ry u nie bus nie?	*Why don't you go by bus?*
naaste bushalte	*nearest bus stop*
naby	*nearby, close*
'n blok hiervandaan	*a block from here*
aan die ander kant van	*on the other side of*
ken	*know*
sleg	*badly*

Notes

1 Past Tense:
Note the absence of **ge-** in the past participle if the verb starts with **ver-**:
Ek **het verdwaal**.

2 Use **goeie** before a noun: "Mnr. Brits is 'n **goeie** man."
Use **goed** after the verb: "Die verlofvoordele is **goed**."

3 Distinguish between **weet** en **ken**.

Ek weet nie.	I do not know.
Ek ken die man.	I know the man.

EXERCISE 4

1 On which floor is each of the following persons and what is the room number? Op watter verdieping is elkeen van die volgende persone en wat is die kamernommer? (Roman numerals indicate the floor; ordinary numerals the room number.)

Example: Mnr. Anderson is op die tiende verdieping, kamer vyf en twintig (X 25).

(a) Mnr. Swart IV 3
(b) Mev. Brink I 22
(c) Mnr. Brown V 30
(d) Mej. MacDonald IX 26
(e) Mnr. Smith VIII 44

2 Opposites:
(a) Die dieretuin is nie ver nie, dis . . .
(b) Die stasie is nie aan die regterkant van die straat nie, dis . . .
(c) Die gebou is nie klein nie, dis . . .
(d) Draai regs, nie . . . nie.
(e) Hy ken die stad sleg, nie . . . nie.

3 Hoeveel moet ek betaal?
(a) R11,75
(b) R22,80
(c) R100
(d) R88,44
(e) R50,30

Begrip

Kyk na die kaart van Kaapstad en lees die gesprek hieronder. Beantwoord dan die vrae wat gestel word. Look at the map of Cape Town and answer the following questions.

(a) Waar is die Parlementsgebou?
(b) Is die Kasteel naby die stasie?
(c) In watter straat is die standbeeld van Jan van Riebeeck?
(d) Wat is die naam van die operahuis in Kaapstad?
(e) Waar is die Tuine van Kaapstad?

Toeris	Verskoon my asseblief. Hoe kom ek by die stasie?
Verbyganger	U is nou by die standbeeld van Jan van Riebeeck hier in Adderleystraat. Stap reguit aan. U sal die stasie aan die linkerkant sien.
Toeris	Waar is die Parlementsgebou?
Verbyganger	Stap reguit aan, verby die kerk. Die Parlementsgebou is aan u linkerkant naby die Botaniese Tuine.

Parlementsgebou	*Houses of Parliament*
Kasteel	*Castle*
standbeeld	*statue*
watter?	*which?*
operahuis	*opera house*
Tuine	*Gardens*
verby	*past*
kerk	*church*

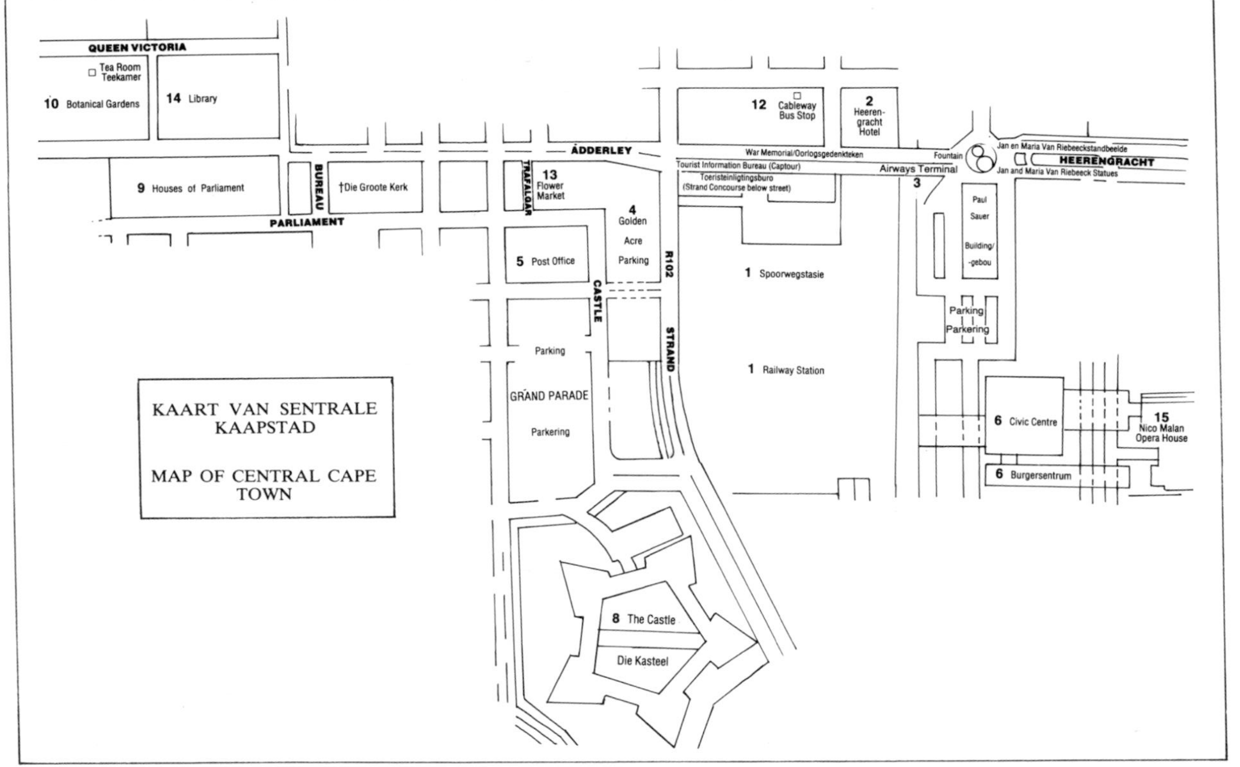

QUEEN VICTORIA
Tea Room
Teekamer
10 Botanical Gardens
14 Library
9 Houses of Parliament
BUREAU
†Die Groote Kerk
PARLIAMENT
TRAFALGAR
13 Flower Market
ADDERLEY
4 Golden Acre Parking
5 Post Office
CASTLE
R102
STRAND
Parking
GRAND PARADE
Parkering
8 The Castle
Die Kasteel
12 Cableway Bus Stop
2 Heerengracht Hotel
War Memorial/Oorlogsgedenkteken
Tourist Information Bureau (Captour)
Toeristeinligtingsburo
(Strand Concourse below street)
1 Spoorwegstasie
1 Railway Station
Fountain
Airways Terminal
3
Jan en Maria Van Riebeeckstandbeelde
HEERENGRACHT
Jan and Maria Van Riebeeck Statues
Paul Sauer Building/-gebou
Parking
Parkering
6 Civic Centre
6 Burgersentrum
15 Nico Malan Opera House
KAART VAN SENTRALE KAAPSTAD
MAP OF CENTRAL CAPE TOWN

5 Beroepe

In this unit you will learn the names of various professions. More telephone etiquette is introduced.

'n Telefoongesprek

Rita Brink	Goeiemôre. Protea Engineering. Mnr. Brits se sekretaresse.
De Wet	De Wet hier. Mag ek asseblief met mnr. Brits praat?
Rita	Net 'n oomblik. Jammer, mnr. Brits se telefoon is beset. Kan u 'n oomblik aanhou? Ek sal weer probeer.
De Wet	Goed.
Rita	Mnr. Brits is nog besig. Kan ek 'n boodskap neem en u terugskakel?
De Wet	Ja, asseblief. My nommer is 70-3108.

Telefoongesprek	*Telephone conversation*
beroepe	*professions*
Mag ek met mnr. Brits praat?	*May I speak to Mr Brits?*
Net 'n oomblik.	*Just a minute.*
Jammer	*I'm sorry*
beset	*engaged*
Kan u aanhou?	*Can you hold the line?*
Ek sal weer probeer.	*I shall try again.*
is nog besig	*is still busy*
Kan ek 'n boodskap neem?	*May I take a message?*
terugskakel	*phone back (call back)*

Ons gesels oor beroepe

Paul Wat is jou beroep?

Klaas Ek is 'n advokaat. En joune?
Paul Ek is 'n chirurg by die algemene hospitaal. Ons doen baie operasies.
Klaas My vrou is 'n teatersuster by dieselfde plek.
Paul Myne is 'n verpleegster by die dagkliniek.
Klaas Ek soek 'n goeie tandarts.
Paul Ek kan my vriend Johan aanbeveel.
Klaas Waar is sy spreekkamer?
Paul In die Medipark.
Klaas Wat is Fanie se beroep?
Paul Hy is 'n onderwyser by die hoërskool.
Klaas En sy vrou?
Paul Sy is 'n onderwyseres by die laerskool.
Klaas Wat doen Gert?
Paul Hy is 'n tegnikus by 'n fabriek. Wat doen Jan?
Klaas Hy is 'n ingenieur.

ons gesels oor	*we are talking about*
advokaat	*advocate*
en joune	*and yours*
chirurg	*surgeon*
algemene hospitaal	*general hospital*
operasies	*operations*
teatersuster	*theatre sister*
by dieselfde plek	*at the same place*
myne	*mine*
verpleegster	*nurse*
dagkliniek	*day clinic*
ek soek	*I am looking for*
tandarts	*dentist*
vriend	*friend*
kan aanbeveel	*can recommend*
spreekkamer	*consulting room*
onderwyser	*male teacher*
onderwyseres	*female teacher*
hoërskool	*high school*
laerskool/primêre skool	*primary school*
tegnikus	*technician*
fabriek	*factory*
ingenieur	*engineer*

Onderwysinrigtings

Onderwyseres	In watter speelgroep is jou kleinste dogtertjie?
Lenie	Sy is in mev. Spies se speelgroepie. Mev. Nel s'n is vol. Daar het sy baie maatjies. Hier is sy te alleen.
Onderwyseres	En die ander kinders?
Lenie	Sandra is in die laerskool en Jannie in die hoërskool. Boet is in die landbouskool.
Onderwyseres	My dogter, Linda, is al op kollege. Sy wil 'n modeontwerpster word. My seun, Frans, is op technikon. Hy wil 'n joernalis wees.

onderwysinrigtings	*educational institutions*
speelgroep, speelgroepie	*play group*
kleinste	*smallest*
dogtertjie	*little girl*
Mev. Nel s'n is vol	*Mrs Nel's is full*
maatjies	*companions*
te alleen	*too lonely*
ander	*other*
landbouskool	*agricultural school*
kollege	*college*
modeontwerpster	*fashion designer*
op technikon	*at the technikon*
joernalis	*journalist*

Notes

1 Possessive pronouns:

my vrou	**myne**	mine
jou man/u man	**joune/u s'n**	yours
sy kind	**syne**	his
haar vriend (friend)	**hare**	hers
ons ouers	**ons s'n**	ours
julle mans/u mans	**julle s'n/u s'n**	yours
hulle kinders	**hulle s'n**	theirs

2 Note the difference between **se** and **s'n** (pronounced sin).

se is followed by a noun; s'n is preceded by a pronoun or a noun.

Die mans **se** vrouens	hulle **s'n**; die mans **s'n**.
Die ouers **se** kinders	hulle **s'n**; die ouers **s'n.**

3 Diminutives are used a lot in Afrikaans. Suffixes like **-tjie** or **-pie** are often added to a noun to form the diminutive:
dogter**tjie** – little girl
seun**tjie** – little boy
In words ending on **p** the suffix **-ie** is added to the noun.
speelgroep**ie**.
(Diminutives will be discussed in greater detail further on.)

4 Distinguish between:

wil word	wants to become
wil wees	wants to be

5 Comparison

Regular forms:
Jannie is **klein** (small), Bettie is klein**er** (smaller), Tina is die klein**ste** (smallest).
Sannie is **mooi** (pretty), Annie is mooi**er** (prettier), Nellie is die mooi**ste** (prettiest).
Irregular forms will be discussed later on.

EXERCISE 5

1 Questions:
(a) Waarom kan De Wet nie met mnr. Brits praat nie?
(b) Wat is Paul se beroep?
(c) Waar werk Gert?
(d) Waar leer Linda om 'n modeontwerpster te word?
(e) Wat wil Frans word?

2 Choose the correct word:
se, ons s'n, syne, joune, myne:
(a) Is dit julle huis? Ja, dis . . .
(b) Is hierdie kar . . ? Ja, dis myne.
(c) Is Gert Paul . . . seun. Ja, hy is . . . .

3 Complete the comparisons:
   (a) Marie is mooi; Annie is . . . ; Linda is die . . .
   (b) Jannie is klein; Hennie is . . . ; Bertie is die . . .
   (c) Haar kind is stout (naughty); myne is . . . ; julle kind is die . . .

Begrip

Read the passage below and answer the questions.

(a) Doen mev. Smit operasies?
(b) Waarom is dr. Smit moeg?
(c) Wat doen mev. Smit elke dag?
(d) Hoeveel kinders het dr. en mev. Smit?
(e) Wat wil die kleinste een word?

Dr. Smit is 'n chirurg by die hospitaal. Saans is hy baie moeg. Mev. Smit gaan elke môre saam met haar man na die hospitaal. Sy werk in die teater. Een van hulle kinders is op skool. Twee is op universiteit. Die kleinste een is in die laerskool. Sy wil 'n onderwyseres word.

6 Treinreis

In this unit you will learn how to express yourself on matters pertaining to travel.

In mnr. Botha se kantoor

Mr Jan Botha, a Cape Town businessman, talks to his secretary.

Botha Joan, bespreek asseblief vir my 'n koepee op die eerste trein na Johannesburg. Eerste klas, asseblief.
Joan Enkel of retoer, Meneer?
Botha Enkel, asseblief. Ek vlieg terug.
Joan Sal ek u vrou bel?
Botha Ja, asseblief. Skakel my deur na haar.

Telephone conversation between Mr Botha and his wife.

Jan Hallo, Marie. Gaan dit goed? Ek vertrek vanaand na Johannesburg vir sake. Ek het nou net by die bestuurder gehoor ek moet Woensdagaand 'n vergadering bywoon.
Marie Vlieg jy?
Jan Nee, ek ry hierdie keer met die trein. Daar is genoeg tyd en ek wil goed rus.
Marie Moet ek jou met die motor stasie toe neem?
Jan Nee dankie, ek gaan met 'n taxi.
Marie Hoe laat vertrek jy?
Jan Vanaand om 9-uur (21h00).
Marie Wanneer kom jy dan in Johannesburg aan?
Jan Woensdagmiddag om 5-uur (17h00).
Marie Ek sal jou koffer (tas) gou pak.
Jan Baie dankie.
Marie Hoe laat kom jy huis toe om te groet?
Jan So teen 5-uur. Ek het nog baie werk hier in die kantoor. Tot siens solank.
Marie Tot siens, Jan.

treinreis	*journey by train*
bespreek	*reserve*
koepee	*coupé*
eerste klas	*first class*
enkel	*single*
retoer	*return*
vlieg	*fly*
terug	*back*
sal ek u vrou bel?	*shall I ring your wife?*
skakel my deur	*put me through*
hallo	*hallo*
gaan dit goed?	*are you well?*
vertrek	*leave*
vanaand	*this evening*
vir sake	*on business*
Ek het nou net gehoor . . .	*I have just heard . . .*
vergadering moet bywoon	*must attend a meeting*
ry	*travel*
hierdie keer	*this time*
met die trein	*by train*
hoe laat vertrek jy?	*what time? (literally how late?) are you leaving*
om 9-uur	*at 9 o'clock*
kom aan	*arrive*
koffer, tas	*suitcase*
gou pak	*pack quickly*
huis toe	*home*
om te groet	*to greet*
so teen 5-uur	*at about 5 o'clock*
nog	*still*
solank	*for the time being*

Op die stasie

Botha	Is die trein op tyd?
Beampte	*Hy** is tien minute laat, Meneer. U moet na perron 14 gaan.
Botha	Waar is die wagkamer?
Beampte	Oorkant die kaartjieskantoor.
Botha	Wat is my kompartementnommer?

Beampte	Net 'n oomblik . . . Kompartement 5 000 C. U is saam met 'n ander passasier.
Beampte	Hier is die kruier. Hy sal u bagasie neem.
Kondukteur	Alle sitplekke, asseblief.

Die trein vertrek.

* The masculine pronoun **hy** is used for trains, planes, cars and ships, e.g. Die vliegtuig is laat; **hy** is laat.

op die stasie	*at the station*
op tyd	*on time*
perron	*platform*
minute (pl)	*minutes*
laat	*late*
wagkamer	*waiting room*
oorkant	*opposite*
kaartjieskantoor	*ticket office*
kompartementnommer	*compartment number*
ander	*another*
passasier	*passenger*
kruier	*porter*
bagasie	*luggage*
kondukteur	*conductor*
alle sitplekke, asseblief!	*all seats, please!*
vliegtuig	*aeroplane*

Gedurende die reis

Mr Botha, his fellow-passenger, Mr Brown, and the ticket examiner during the trip.

Botha	Goeienaand. Gaan u ook Johannesburg toe?
Brown	Nee, ek reis net na Kimberley.
Botha	Sal ons gaan eet?
Brown	Ja, kom ons gaan.
Botha	Die aandete was heerlik.
Brown	Ja, die spyskaart was puik.
Botha	Hier is die kaartjiesondersoeker.
Kaartjiesondersoeker	Kaartjies, asseblief!
Botha en Brown	Seker, Meneer.
Kaartjiesondersoeker	Aangename reis, Menere!

gedurende die reis	*during the journey*
net	*only*
aandete	*evening meal, dinner or supper*
heerlik	*delicious*
spyskaart	*menu*
puik	*excellent*
kaartjiesondersoeker	*ticket examiner*
aangename reis	*a pleasant journey*

Mnr. Botha neem 'n taxi

Botha	Taxi asseblief!
Taxibestuurder	Goeiemiddag, Meneer. Waarheen gaan u?
Botha	Neem my na die Presidenthotel, asseblief.
Taxibestuurder	Gee u bagasie vir my, Meneer. Ek plaas dit in die bagasiebak . . . Is dit u eerste besoek aan Johannesburg?
Botha	O nee, ek is 'n sakeman en kom dikwels hierheen.
Taxibestuurder	Hier is ons.
Botha	Hoeveel skuld ek u?
Taxibestuurder	Dit sal R6,50 wees.
Botha	(betaal die geld) Baie dankie. Hou gerus die kleingeld.
Taxibestuurder	Baie dankie. Geniet u verblyf.

neem	*take*
taxi/huurmotorbestuurder	*taxi driver*
waarheen?	*where?*
plaas	*put, place*
bagasiebak	*boot*
besoek	*visit*
dikwels	*often*
hierheen	*here (hither)*
hoeveel skuld ek?	*how much do I owe?*
betaal	*pay*
geld	*money*
hou gerus	*do keep*
kleingeld	*change/small change*
verblyf	*stay*

Notes

Summary

The Afrikaans verb is very simple. The same form is used for all persons in a particular tense.

Present tense

The *personal pronouns* below are used in the subject position of a sentence.

ek (I) **jy, u** (you) **hy, sy, dit** (he, she, it) **ons** (we) **julle, u** (you) **hulle** (they)	**praat**	**'n bietjie Afrikaans**

ek **jy, u** **hy, sy, dit** **ons** **julle, u** **hulle**	**is**	**Engels**

Past tense

1 The past tense is formed by using the auxiliary verb *het* (has/have) plus the *past participle* of the verb. The prefix *ge-* is normally added to the verb to form the past participle, viz. praat/gepraat. Past tense *het gepraat* (has/have spoken or spoke).

2 Note that if the verb begins with *ont-*, as in *ontmoet*, the past participle has no *ge*/*het ontmoet* (has/have met, met). Ek *het* hom *ontmoet*. You already know that if a verb starts with the prefix *ver-*, as in *vertrek*, the past participle has no *ge-*: Ons *het vertrek*.

3 The past tense of *is* in Afrikaans is *was*, *were*.

ek **jy, u** **hy, sy, dit** **ons** **julle, u** **hulle**	**het**	**Afrikaans**	**gepraat**

Note that the past participle takes up the last position in the sentence. Afrikaans uses the same form *het gepraat* for both simple past (spoke) and present perfect (has/have spoken).

ek **jy, u** **hy, sy, dit** **ons** **julle, u** **hulle**	**het**	**John**	**ontmoet**

ek **jy, u** **hy, sy, dit** **ons** **julle, u** **hulle**	**was**	**gister**	**hier**

Note that Afrikaans uses the same past tense form for both singular and plural.

Future tense

The future tense in Afrikaans can be expressed in three different ways:

1 The use of the auxiliary verb *sal* (shall, will) with the infinitive.
Ek *sal praat.*
Ek *sal* môre Afrikaans *praat.*
Note that the main verb takes up the last position in the sentence.

2 An adverb of time, e.g. *môre*, expressing futurity, is used with the main verb to form the future tense.
Ek *sien* jou *môre* by die stasie (I shall see you . . .)

3 *Gaan* (going to) may be used with the main verb to form the future tense:
Ek *gaan* Afrikaans leer. (I am going to learn . . .)

ek			
jy, u			
hy, sy, dit	**sal**	**môre**	**vertrek**
ons			
julle, u			
hulle			

Compound verbs

Examples: bywoon – aankom – deurskakel.
The verb consists of a preposition and a verb. The two parts are separated when the verb is used in the present and the past tenses:

bywoon: *Present T.*	Mnr. Botha **woon** die vergadering **by**.
Past T.	Mnr. Botha het die vergadering by**ge**woon. Note that **ge** comes between the two parts.
aankom: *Present T.*	Die trein kom aan.
Past T.	Die trein het aan**ge**kom.
deurskakel: *Present T.*	Ek **skakel** u **deur**.
Past T.	Ek het u deur**ge**skakel.

EXERCISE 6

1 Choose the correct answer
Mnr. Botha reis na
(a) Kaapstad.
(b) Johannesburg.
(c) Pretoria.
(d) Kimberley.

2 Mnr. Botha gee aan die taxidrywer
(a) net R6,50.
(b) meer as R6,50 (more).
(c) niks.

3 Mnr. Botha
   (a) kom vir die eerste keer in Johannesburg aan.
   (b) gaan dikwels Johannesburg toe.
   (c) gaan nie dikwels Johannesburg toe nie.

4 Die taxibestuurder
   (a) plaas die bagasie agter (behind) die sitplek van die motor.
   (b) plaas die bagasie langs mnr. Botha.
   (c) plaas die bagasie in die bagasiebak.

5 Look at the table below and reply in full sentences, using *ja* or *nee* to begin with.
   Gebruik voornaamwoorde in u antwoord. Use pronouns in your reply.

   Voorbeeld (Example)
   Het mnr. Botha 'n kamer bespreek?
   Ja, *hy* het 'n kamer bespreek.
   Nee, *hy* het nie 'n kamer bespreek nie.

	Ja	*Nee*
(a) Reis mnr. Botha per vliegtuig terug?	X	
(b) Neem mev. Botha haar man stasie toe?		X
(c) Is die trein op tyd?		X
(d) Reis mnr. Brown na Kimberley?	X	
(e) Het Joan mnr. Botha se sitplek bespreek?	X	

6 Use the correct form of the separable verb. Rewrite the sentence.
   (a) Die trein (aankom) om 8-uur.
   (b) Ek (aanbeveel) hierdie restaurant.
   (c) Ek (opklim) om 7-uur.
   (d) Ek (bywoon) die klas.
   (e) Die sekretaresse (deurskakel) my.

Begrip

After having read the passage below, answer the following questions:

1 Why do many people travel by train and not by car?
2 Why is a journey by train ideal for long-distance travelling?

Die treindiens in Suid-Afrika is uitstekend. 'n Mens kan oral per trein reis, eerste of tweede klas. Baie passasiers woon in die voorstede of buite die stad en verkies om daagliks per trein na hulle werk te reis. Hulle word nie so moeg soos wanneer hulle hul motors bestuur nie. Party treine hou by al die stasies stil en laai passasiers op en af. Vir lang reise is die trein ideaal. Die passasiers kan lekker rus in die kompartemente met slaapbanke en heerlike maaltye op die trein geniet.

treindiens	*train service*
oral	*everywhere*
per trein	*by train*
voorstede	*suburbs*
buite	*outside*
verkies	*choose*
daagliks	*daily*
party	*some*
al	*all*
stilhou	*stop*
op- en aflaai	*load*
vir lang reise	*for long journeys*
ideaal	*ideal*
lekker	*nice*
slaapbanke	*sleeping bunks*
maaltye	*meals*

7 By die hotel

In this unit you will learn useful expressions pertaining to hotel accommodation.

Gesprek by die ontvangstoonbank

Ontvangsdame Goeiemiddag, Meneer. Kan ek u help?

Botha Middag, Juffrou. My naam is Botha. Ek het 'n kamer bespreek.

Ontvangsdame Ek het 'n bespreking vir Willem Botha van Durban. Is dit u?

Botha Nee, my naam is Jan. Ek het van Kaapstad af geskakel.

Ontvangsdame O ja, hier is u naam. U is in kamer 233. Hier is die sleutel.
Sal u die register asseblief teken?
. . . Net 'n oomblik Meneer, hier is pos vir u . . . 'n telegram.

by die hotel	*at the hotel*
ontvangstoonbank	*reception desk*
ontvangsdame	*receptionist*
ek het bespreek	*I have reserved*
bespreking	*reservation*
sleutel	*key*
Sal u die register asseblief teken?	*Will you please sign the register?*
pos	*post, mail*
telegram	*telegram*

Hotelgesprekke

Gas Goeienaand, Meneer. Het u 'n kamer vir twee met 'n privaatbad vir een nag?

Bestuurder Jammer, Meneer, net 'n kamer met 'n stort.

Gas Ons sal dit neem, dankie.

Bestuurder Neem u aandete?

Gas Ja, aandete en ontbyt, asseblief.
Bestuurder Koffie of tee môreoggend?
Gas Een koffie en een tee om 7-uur. Hoe laat bedien u ontbyt?
Bestuurder Van halfag tot nege.

hotelgesprekke	*hotel conversations*
gas	*guest*
privaatbad	*private bath*
jammer	*sorry*
stort	*shower*
aandete	*dinner*
ontbyt	*breakfast*
môreoggend	*tomorrow morning*
bedien	*serve*
halfag	*half past seven*

Gas Goeienaand, Juffrou. Ek is mev. Benade. Ek is 'n bietjie laat.
Ontvangsdame Dit maak nie saak nie. U kamer is bespreek, nommer 356. Daar is 'n boodskap vir u.

Mrs Benade reads the following message:

LEKKERBLY HOTEL

To / Aan: Mev. Benade
Datum / Date: 2/9 Tyd / Time: 16h00

Mev. Small
of / van: Stellenbosch
Telephone Number / Telefoonnommer: 02231 – 72242

X	TELEPHONED / HET GESKAKEL		WOU U SPREEK / CALLED TO SEE YOU
X	PLEASE PHONE BACK / SKAKEL ASB. TERUG		VERLANG BESTELLING / DESIRES APPOINTMENT
	WILL PHONE BACK / SAL TERUGSKAKEL		U OPROEP BEANTWOORD / RETURNED YOUR CALL
	CANCELLED APPOINTMENT / AFSPRAAK GEKANSELLEER		BOODSKAP GELAAT / LEFT MESSAGE

Gas Ek is seker te laat vir aandete?
Ontvangsdame Aandete is van 6 tot 7.30 nm. Die restaurant is toe, maar ek stuur vir u toebroodjies en tee.
Gas Het die kamer 'n see-uitsig?

Ontvangsdame	Ja, mev. Benade u is gelukkig. Hier is nog net een beskikbaar.
Gas	Wat is die tarief?
Ontvangsdame	Neem hierdie brosjure. Alle besonderhede is daarop.

boodskap	*message*
Dit maak nie saak nie.	*It doesn't matter.*
nm. (namiddag)	*p.m. (afternoon)*
Die restaurant is toe.	*The restaurant is closed.*
Ek stuur toebroodjies.	*I'm sending sandwiches.*
'n see-uitsig	*a sea view*
u is gelukkig	*you are fortunate*
tarief	*tariff*
brosjure	*brochure*
alle besonderhede	*all details*
daarop	*on it*

Gas	Goeiemiddag, het u 'n enkelkamer vir twee nagte?
Ontvangsdame	Dit spyt my die hotel is vol bespreek.
Gas	Kan u 'n hotel in die omgewing in dieselfde prysklas aanbeveel?
Ontvangsdame	Ja, seker. Ek skakel die Hotel Ster.
Gas	Dankie.
	(na 'n rukkie)
Ontvangsdame	Daar is akkommodasie vir u.
Gas	Baie dankie vir die moeite. . . Het u parkeerplek?
Ontvangsdame	Ja, net agter die hotel.
Gas	Is daar 'n bababed in die kamer?
Ontvangsdame	Ongelukkig nie, maar ons sal gou vir een reël.

enkelkamer	*single room*
nagte	*nights*
Dit spyt my.	*I am sorry (formal).*
vol bespreek	*fully booked*
omgewing	*vicinity*
dieselfde	*the same*
prysklas	*price class*
na 'n rukkie	*after a little while*
akkommodasie	*accommodation*

moeite	*trouble*
parkeerplek, parkering	*parking*
agter	*behind*
bababed	*cot*
ongelukkig nie	*unfortunately not*
ons sal gou reël	*we'll arrange quickly*

Notes

1 The circle below comprises sentences which have been divided into two parts. The first part is in the screened section and the second in the white section. Combine any two parts from the two sections to generate 144 sentences.

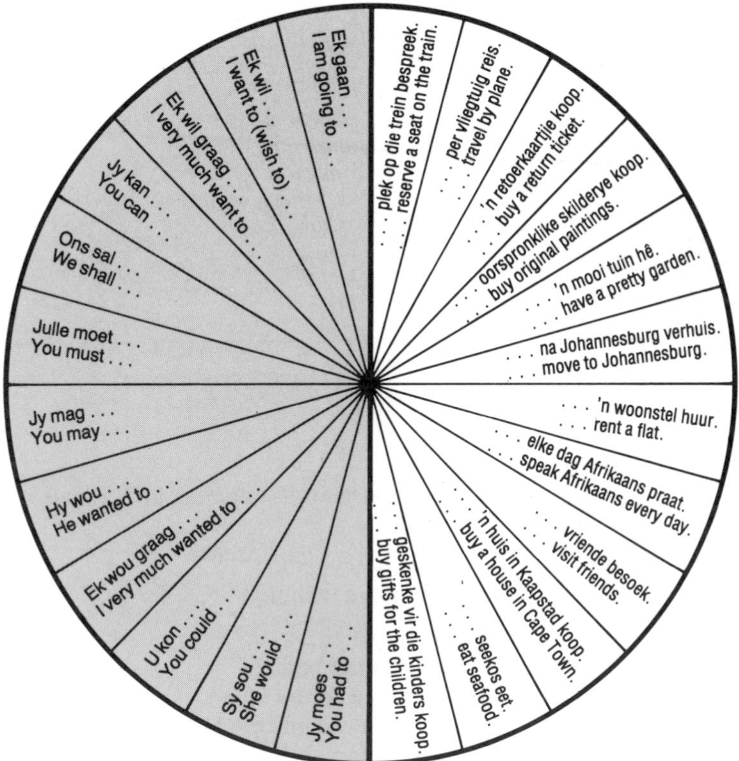

2 If a verb begins with the prefix **be-** no **ge-** is added in the past tense.

Examples:	*Present tense*	Ek betaal my rekening.
	Past tense	Ek het my rekening **betaal**.
	Present tense	Die klas begin om 5-uur.
	Past tense	Die klas het om 5-uur **begin**.

Summary

Verbs beginning with the prefixes *ver-*, *ont-* en *be-* do not change in the past tense.

Examples: Die trein het na Johannesburg *vertrek*.
My man het my kom *ontmoet*.
Die kelner het ons *bedien*.

gaan	*going to, go*
wil	*want to, wish to*
wil graag	*very much want to*
kan	*can*
sal	*shall, will*
moet	*must*
wou	*wanted to*
wou graag	*very much wanted to*
kon	*could*
sou	*would*
moes	*had to*
mag	*may*

EXERCISE 7

1 Answer the following questions in full sentences in Afrikaans.

Example:
Hoe laat word ontbyt in die hotel bedien?
Ontbyt word van halfag tot nege bedien.

(a) Hoe laat word aandete bedien?
(b) Wat word in die gas se kamer bedien?
(c) Was daar 'n bababed in die kamer?
(d) Waarom skakel die ontvangsdame die Hotel Ster?
(e) Het mev. Benade 'n kamer met 'n see-uitsig gekry?

2 Sê wat elkeen gister gedoen het. (verlede tyd – past tense)
Example:
Ek stuur 'n telegram.
Ek het gister 'n telegram gestuur.
(a) Ek skakel u terug.
(b) Hy bespreek sy kamer.
(c) Mnr. Botha eet ontbyt.
(d) Die kelner bedien aandete.
(e) Die gas neem die brosjure.

3 Sê wat môre gedoen word.
Example:
Hy bedien middagete.
Hy sal môre middagete bedien.
(a) Mnr. Botha stuur 'n telegram.
(b) Die gas kry 'n kamer met 'n see-uitsig.
(c) Die ontvangsdame reël vir 'n bababed.
(d) Mev. Benade lees die boodskap.
(e) Hy teken die register.

Begrip

1 Can the Rouxs see the mountain as well as the sea from their hotel room?
2 What did they do on Wednesday?
3 What is their daily programme?
4 What do they enjoy in the evenings when they return?
5 What entertainment do they have after dinner?

Answer the above questions after having read the passage that follows.

Die Rouxs het 'n dubbelkamer op die vierde verdieping van die Sun Hotel met 'n pragtige uitsig op die see en Tafelberg. Hulle stap elke dag in die middestad en koop aandenkings (souvenirs).

Woensdagoggend het hulle per bus na Seepunt gegaan en die middag 'n taxi na die pragtige Botaniese Tuine van Kaapstad geneem. Saterdag gaan hulle die kunsgalery besoek.

Saans is hulle moeg en geniet 'n lekker bad en die heerlike ete wat in die hotel bedien word. Na ete gaan hulle na 'n bioskoop of die Nico Malanteater. Sondag moet hulle weer vertrek.

8 Hoe laat is dit?

In this unit you will learn more about time and the date. Useful everyday expressions are introduced.

Hoe laat is dit?

Jan Marie, hoe laat is dit?
Marie Ek weet nie, my horlosie is altyd voor.
Jan Myne is omtrent 'n kwartier agter.
Marie My wekker is reg. Ek gaan gou kyk . . . Dis nou presies een minuut oor 8.
Jan Wen jou horlosie op. O wêreld! die lang wyser is af! Net die korte is hier.
Marie Neem myne. Ek het nog 'n ander armhorlosie.
Jan Dankie, ek is so bly.

Hoe laat is dit?	*What is the time?*
Ek weet nie.	*I don't know.*
my horlosie is altyd voor	*my watch is always fast*
my horlosie is agter	*my watch is slow*
omtrent	*about, approximately*
kwartier	*a quarter of an hour*
wekker	*alarm clock*
Ek gaan gou kyk.	*I'll quickly have a look.*
presies	*precisely, exactly*
wen op	*wind*
O wêreld!	*my word!*
lang	*long*
wyser	*watch hand*
af	*off*
kort	*short*
armhorlosie/polshorlosie	*wrist watch*
ek is so bly	*I am so pleased*

Asking the time

Hoe laat is dit, asseblief?	What is the time, please?
Het u die regte/korrekte tyd?	Do you have the correct time?

Telling the time

Dit is tienuur.	It is ten o'clock.

Reading the time

15h10	Dit is tien (minute) oor drie namiddag.
16h50	Dit is tien (minute) voor vyf namiddag.
15h15	Dit is kwart oor drie namiddag.
15h30	Dit is half vier namiddag.

Afrikaans sees the half hour (halfuur) as 30 minutes preceding the following hour. Literally *half vier* means half an hour to four. It is also correct to say *drie dertig* (3.30).

The date

Asking the date:
There are two ways of asking the date:

Wat is die datum vandag?	What is the date to-day?
Die hoeveelste is dit vandag?	Literally: The how-many-eth (day) is it to-day?

Giving the date:
There are two ways of giving the date:

Dit is 19 Julie 1987 (19-07-1987)	It is 19 July 1987
Dit is die negentiende Julie 1987	It is the 19th of July 1987
1987 – negentien sewe en tagtig	

In die bus

Mev. Brits ry elke dag met die bus stad toe. Sy het nie haar eie motor nie. Sy sê 'n taxi is ook te duur – die bus is goedkoop. Mev. Brown sit gewoonlik langs haar in die bus. Sy en haar vriendin gesels elke dag en sy geniet dit.

Mev. Brits	Het jy die nuwe rolprent *Drie Susters* gesien?
Mev. Brown	Nee, nog nie. Is dit goed?
Mev. Brits	Ja, ek het dit baie geniet. My man gaan altyd saam met my want hy hou van rolprente.
Mev. Brown	Ek sal Saterdagmiddag alleen gaan kyk. My man hou nie van die bioskoop nie.
Mev. Brits	Hy sal waarskynlik televisie kyk.
Mev. Brown	O ja, beslis. Hy sal sekerlik na die rugbywedstryd kyk en direk daarna ook na die oorsese krieket. Dit pas my. Dan kan ek Hettie ná die vertoning gaan besoek.
Mev. Brits	Geniet die vertoning Saterdag!
Mev. Brown	Dankie, 'n lekker naweek vir jou.

(Hulle klim by die bushalte af.)

bus	*bus*
eie	*own*
duur	*expensive*
goedkoop	*cheap*
gewoonlik	*usually*
langs	*next to*
vriendin	*friend (f.)*
rit	*drive*
nuwe	*new*
rolprent(e)	*movie(s) cinema show*
nog nie	*not yet*

alleen	*alone*
waarskynlik	*probably*
televisie	*television*
kyk na	*watch*
beslis	*definitely*
rugbywedstryd	*rugby match*
direk	*directly*
daarna	*afterwards*
oorsese	*overseas*
krieket	*cricket*
dit pas my	*it suits me*
dan	*then*
vertoning	*show*
lekker	*pleasant*

Notes

1 Adverbs of time:

Vandag	(to-day) is Maandag 24 September.
Gister	(yesterday) was Sondag 23 September.
Môre	(tomorrow) is Dinsdag 25 September.
Oormôre	(the day after tomorrow) is Woensdag 26 September.
Eergister	(two days ago) was dit Saterdag 22 September.

2 Word order
Normal: The sentence starts with the subject followed by the verb and an adverb.
Example: *Ek* (Subj.) *was* (Verb) vandag (Adv.) in die stad.
Inverted: If the sentence starts with the adverb the verb follows and precedes the noun

Vandag (adv.) was (verb.) ek (subj.)	in die stad.
Mev. Smit gaan môre	Pretoria toe.
Môre gaan mev. Smit	Pretoria toe.

3 More separable compound verbs

opwen:	Sy wen die horlosie op.
	Sy het die horlosie opgewen.
	Sy sal die horlosie opwen.
afklim:	Hulle klim van die trein af.
	Hulle het van die trein afgeklim.
	Hulle sal van die trein afklim.

4 Idiomatic expressions:

My horlosie is voor.	My watch is fast.
My horlosie is agter.	My watch is slow.
Die hoeveelste is dit?	What is the date?

5 More pronouns (possessive)

Dit is **my** motor. (my)	Dit is **myne**. (mine)
Hier is **jou** taxi. (your informal)	Dit is **joune/joue**. (yours)
Is dit **u** taxi? (your formal)	Dit is **u s'n**. (yours)
Nee, dit is **sy** taxi. (his)	Dit is **syne**. (his)
Is u **haar** man? (her)	Ja, ek is **hare**. (hers)
Waar is **ons** kompartement? (our)	Hier is **ons s'n**. (ours)
Julle/u kaartjies, asseblief? (your)	**Julle s'n/u s'n**. (yours)
Hulle sitplekke is bespreek. (their)	**Hulle s'n**. (theirs)

Note the use of **se**. Dit is mnr. Brits **se** bagasie. (It is Mr Brits's luggage.)

Object pronouns:

Die dame groet **my**. (me)
Ek groet **jou**. (you)
Ons betaal **hom**. (him)
Hy besoek **haar**. (her)
Hulle besoek **ons**. (us)
Ons betaal **julle/u**. (you)
Ons sien **hulle**. (them)

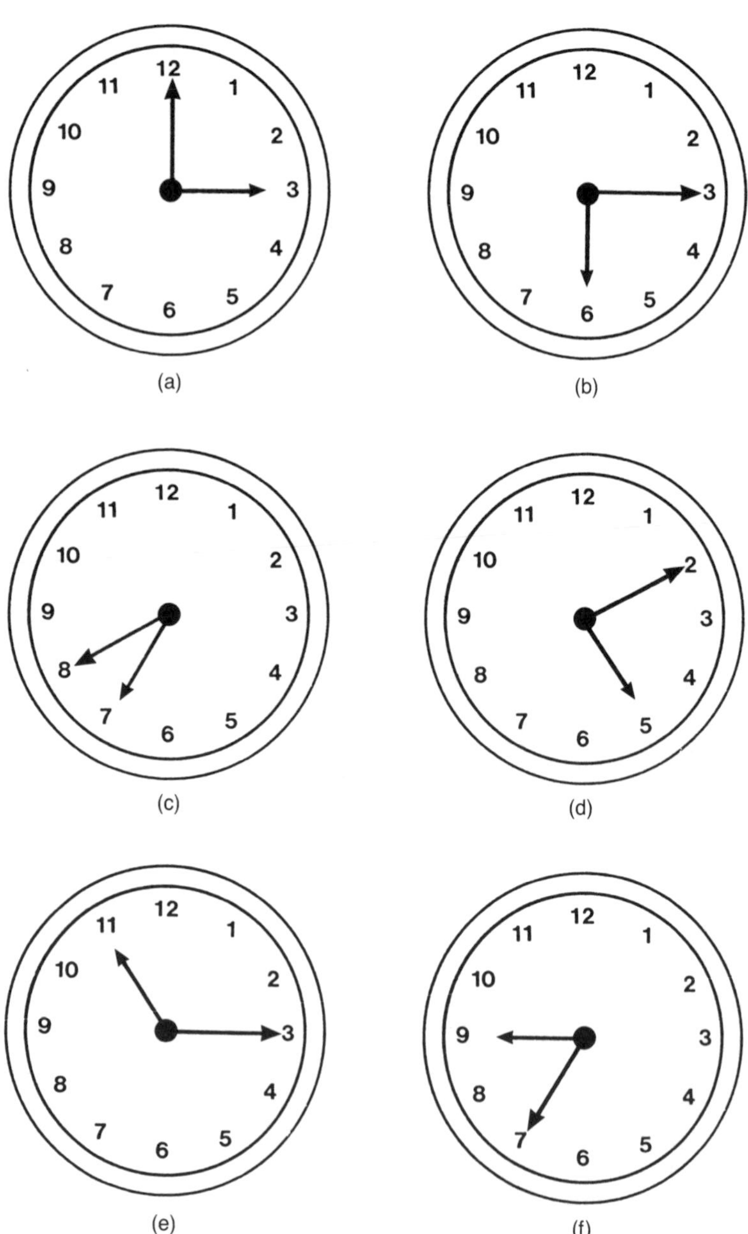

(a) (b) (c) (d) (e) (f)

EXERCISE 8

1 Kyk op die horlosie en beantwoord die vraag: *Hoe laat is dit?*

(a) (b) (c)

(d) (e) (f)

2 For each of the times given in the left-hand column, find the corresponding written statement.

(a)	19h40	(i)	Dit is tien oor tien namiddag.
(b)	20h15	(ii)	Dit is twintig oor drie namiddag.
(c)	09h30	(iii)	Dit is halftien voormiddag (half past nine).
(d)	22h10	(iv)	Dit is vieruur namiddag.
(e)	15h20	(v)	Dit is twintig voor agt namiddag.
(f)	17h30	(vi)	Dit is tien voor drie namiddag.
(g)	14h50	(vii)	Dit is halfnege voormiddag.
(h)	23h45	(viii)	Dit is kwart voor twaalf namiddag.
(i)	16h00	(ix)	Dit is kwart oor agt namiddag.
(j)	08h30	(x)	Dit is halfses namiddag.

3 Kyk op die busrooster en beantwoord die vrae. (Skryf die tyd in woorde.) Look at the bus timetable and answer the questions. (Write the time in words.):

Bus timetable Busrooster

Departure/Vertrek		Arrival/Aankoms	
Johannesburg	08h00	Pretoria	10h45
Johannesburg	09h15	Alberton	10h30
Johannesburg	10h45	Boksburg	11h30
Johannesburg	07h30	Klerksdorp	12h00

(a) Hoe laat kom die Johannesburgbus in Pretoria aan?
(b) Hoe laat vertrek die bus van Johannesburg af na Klerksdorp?
(c) Vertrek daar 'n bus van Johannesburg na Boksburg om nege?

4 Replace the English word in brackets with the correct Afrikaans word. Rewrite the full sentence.

(*a*) Hoe laat is dit op (your – informal) horlosie?
(*b*) Die boek is (mine), nie (yours – informal) nie.
(*c*) (Your – formal) man is in (his) kantoor.
(*d*) (His) sekretaresse het al die besprekings gedoen.
(*e*) (You – formal) vertrek môre.
(*f*) (She) het (her) plek bespreek.
(*g*) Hierdie kaartjies is (theirs).
(*h*) Nee, hulle is (ours).
(*i*) Is die horlosie (yours – formal)?
(*j*) (Her) man kom môre.
(*k*) Die toeriste geniet (their) besoek aan Suid-Afrika.
(*l*) Die kaartjie is nie (yours – informal, plural) nie; (it) is (theirs).
(*m*) (John's) sekretaresse het (his) plek op die trein bespreek.
(*n*) (Mr Smith's) vrou groet (him).

5 Lees die onderstaande kennisgewings en beantwoord die vrae wat volg:

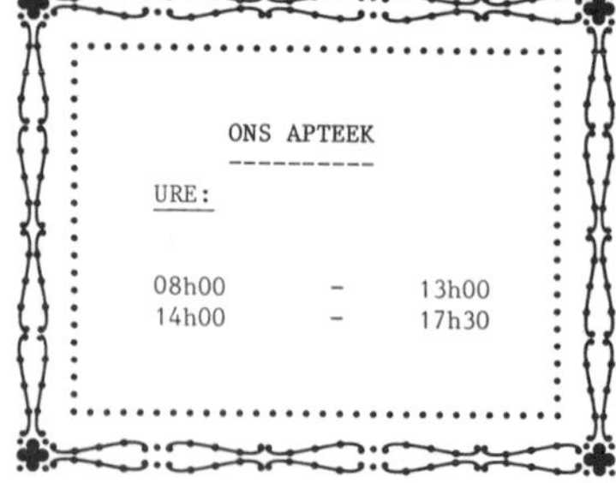

(*a*) Hoe laat maak Die Goudvis saans toe?
(*b*) Hoe laat begin die tweede aandvertoning Saterdagaande in die Metro?
(*c*) Is Die Kontantwinkel Sondae oop?
(*d*) Is Ons Apteek oop tussen 1 en 2 namiddae?
(*e*) Hoe laat maak Sasolburg se munisipaliteit smôrens oop?

Begrip

1 Whom has Marie invited?
2 Have they accepted the invitation?
3 When are they coming?
4 What must they bring along?
5 Who will repair the watch?

Marie Kan jy en Karel vanaand by ons kom eet?
Anna Ek dink so. Karel werk laat, maar ons kan direk na werk kom. Moenie ons voor 7 verwag (expect) nie.
Marie Dit pas my. Bring jou horlosie saam, dan kan Piet dit vir jou regmaak.
Anna Ek sal so bly wees.

9 Waar woon u?

In this unit you will learn how to converse about matters pertaining to homes.

'n Besoek

Botha Goeiemôre, Piet. Ek is bly om jou te sien. Hoe gaan dit? Woon jy in Johannesburg?

Nel Dag! Wat 'n aangename verrassing! Dit gaan baie goed met my. Ons woon al twee jaar hier. Wat maak jý hier?

Botha My firma het my vir sake gestuur.

Nel Wat maak jy vanaand?

Botha Ek is vry. Geen afsprake nie.

Nel Kom eet by ons in Randburg.

Botha Dit sal lekker wees, dankie.

By Nel se huis

Mev. Nel Naand, Jan, dis gaaf om jou weer te sien. Baie welkom. Hoe gaan dit tuis?

Botha Uitstekend, dankie.

Mev. Nel Kom sit gerus. Maak jou tuis.

Botha Julle het 'n pragtige huis. Het jy gekoop, Piet, of huur jy?

Nel Ons het gekoop. Kom, ek wys jou gou die huis terwyl my vrou die kos voorberei.

Botha Dankie, ek wil graag sien.

Botha Dis pragtig. Is die skilderye ook Suid-Afrikaans?

Nel Ja, ons was gelukkig om 'n oorspronklike Pierneef en 'n Gregoire Boonzaaier te kry . . . Hier is my studeerkamer.

Botha Jy het baie boeke!

Nel Ja, ek studeer weer.

Botha	Hoeveel slaapkamers het die huis?
Nel	Vier. Die kamers en badkamers is bo. Kom ons gaan met die trap op. Hier is die gastetoilet en badkamer.
Botha	Alles is so modern. Veral die kombuis. Dis baie gerieflik. Ek sien julle het nog 'n formele sitkamer.
Nel	Ja, dis ook ons musiekkamer. Hier oefen die kinders klavier en viool.
Botha	Maak jy tuin?
Nel	Ja, kom kyk na my blomme en plante. Ek het baie rose en ander struike.
Botha	Kweek jy orgideë? Waar kry jy die tyd?
Nel	Vir stokperdjies is daar altyd tyd.
Mev. Nel	Kom eet, die kos is gereed.
Nel	Wat drink jy, Jan? Wit of rooi wyn?
Botha	Rooi, asseblief.

Waar woon u?	*Where do you live?*
besoek	*visit*
Wat 'n aangename verrassing.	*What a pleasant surprise.*
Ek is vry.	*I am free.*
Geen afsprake nie	*No appointments*
Hoe gaan dit tuis?	*How is everybody at home?*
maak jou tuis	*make yourself at home*
het jy gekoop . . .	*have you bought . . .*
of huur jy?	*or are you renting?*
naand	*good evening*
wys	*show*
pragtige	*beautiful*
voorberei	*prepare*
skilderye	*paintings*
Suid-Afrikaans	*South African*
oorspronklike	*original*
studeerkamer	*study (n.)*
boeke	*books*
studeer	*study (v.)*
slaapkamers	*bedrooms*
badkamers	*bathrooms*
gastetoilet	*guest-toilet*
alles is modern	*everything is modern*
veral die kombuis	*especially the kitchen*
gerieflik	*comfortable*
sitkamer	*lounge*
musiekkamer	*music room*

oefen	*practise*
klavier	*piano*
viool	*violin*
blomme en plante	*flowers and plants*
rose	*roses*
struike	*shrubs*
kweek	*grow*
orgideë	*orchids*
stokperdjies	*hobbies*
wit of rooi wyn?	*white or red wine?*

MEENTHUIS TE KOOP

3 Slaapkamers, sonstoep, 1½ badkamers, kombuis, eetkamer, klein stoep, waskamer, motorafdak, mooi uitsig
R . . . of naaste aanbod (o.n.a.)
King Eiendomsagentskap
Tel. Kantoor 43907
Na ure 34967

TOWN HOUSE FOR SALE

3 bedrooms, sun porch, 1½ bathrooms, kitchen, diningroom, small veranda, laundry, car port, beautiful view
R . . . or nearest offer (o.n.o.)
King Estate Agency
Tel. Office 43907
After hours 34967

WOONSTEL TE HUUR

2 slaapkamers
R--- per maand
Skakel eienaar Tel. 45678

FLAT TO LET

2 bedrooms
R--- per month
Contact owner Tel. 45678

Ons klimaat

Ons klimaat hier in Randburg is baie aangenaam. Die winter is nie te koud nie en die somer heerlik warm. In die lente het ons pragtige blomme en dis heerlik koel. Die herfs is kleurryk. Baie mense kweek groente op kleinhoewes. Ons kry somerreëns.

klimaat	*climate*
winter	*winter*
koud	*cold*
somer	*summer*
warm	*warm*
lente	*spring*
koel	*cool*
herfs	*autumn*

kleurryk	*colourful*
groente	*vegetables*
kleinhoewes	*small holdings*
somerreëns	*summer rains*

Notes

1 Prepositions

in (in)	Mnr. Botha woon **in** Kaapstad.
van . . . af (from)	Mnr. Botha kom **van** Kaapstad **af**.
by (at)	Hy staan **by** die telefoon.
voor (in front of)	Die taxi staan **voor** die stasie.
tussen (between)	'n Gesprek **tussen** mnr. Botha en mnr. Brown.
oorkant (opposite)	Die wagkamer is **oorkant** die inligtingskantoor.
na . . . toe (to)	Mnr. Botha gaan **na** Johannesburg **toe**.
naby (near)	Die hotel is **naby** die stasie.
tot by (up to/as far as)	Die taxi ry **tot by** die hotel.
met (with)	Mnr. Botha praat **met** mev. Nel.
om (at)	Die trein vertrek **om** 9.
op (on)	U kan al u etes **op** die trein geniet.
voor (to)	Dit is kwart **voor** drie.
oor (past)	Dit is tien **oor** vier.
vir (to)	Hy gee die geld **vir** die taxibestuurder.
aan (to)	Gee die kaartjie **aan** jou vriendin.
vir (for)	**Vir** die eerste keer.
langs (next to)	Mev. Botha sit **langs** haar vriendin.
agter (behind)	Die bagasie is **agter** die sitplek.
gedurende (during)	Ek slaap nie **gedurende** die dag nie.

2 Questioning words

wie?	who?	**Wie** is u?
wie se?	whose?	**Wie se** boek is dit hierdie?
aan wie?	to whom?	**Aan wie** het jy dit gegee?
wat?	what?	**Wat** is u naam?

waar?	where?	**Waar** woon u?
waarom?	why?	**Waarom** reis u met die trein?
wanneer?	when?	**Wanneer** vertrek die trein?
waarheen?	where?	**Waarheen** gaan u?
hoe?	how?	**Hoe** reis u?
hoeveel?	how much?	**Hoeveel** kos dit?
	how many?	**Hoeveel** mense is daar?
watter?	which?	**Watter** soort wyn drink jy?

3 Infinitive

The infinitive in Afrikaans appears in three forms.

(a) **om te** precedes the verb:
Ek weet nie wat **om te doen** nie. I don't know what *to do.*

(b) **te** precedes the verb:

Jy behoort *te weet.*	You should *know.*
Jy hoef dit nie *te doen* nie.	You need not *do* it.

(a) the auxiliary precedes the infinitive:

Ek **kan** *praat.*	Ek **sal** *praat.*	Ek **wil** *praat.*	Ek **moet** *praat.*
I **can** *speak.*	I **shall** *speak.*	I **want** to *speak.*	I **must** *speak.*

4 Word order

(a) Time precedes place in the Afrikaans sentence.

(b) The auxiliary verb follows the subject and the main verb takes the last position in the sentence.

Note the position of the words in the following sentence:

Ek	sal	môre	Johannesburg toe	gaan.
1	2	3	4	5

1 Ek – subject
2 sal – auxiliary verb
3 môre – adverb of time
4 Johannesburg toe – adverbial phrase of place
5 gaan – main verb

Note that in the future tense in English the auxiliary verb and the main verb stay together, viz. I **shall go** to Johannesburg tomorrow, but that they are split in the Afrikaans longer sentences: Ek **sal** môre Johannesburg toe **gaan.** Ek **wil** elke dag 'n bietjie Afrikaans **praat.**

EXERCISE 9

1 Complete the dialogue by choosing the correct word from the pair given.

Voorbeeld
iemand – someone
niemand – no one, nobody
Alet Ek ken **iemand** hier.
Marie Ek ken **niemand** hier nie.

(a) iets – something
niks – nothing
Alet Ek het **iets** hier gesien.
Marie Ek . . . nie.
(b) êrens – somewhere
nêrens – nowhere
Alet Het jy my boek **êrens** gesien?
Marie Nee, . . . nie.
(c) huis toe gaan – go home
by die huis/tuis – at home
Alet Gaan jy nou huis toe?
Marie Nee, daar is niemand . . .

2 Choose the correct answer:

(a) Mnr. en mev. Botha
(i) soek 'n woonstel.
(ii) huur 'n huis in Johannesburg.
(iii) woon in Kaapstad.
(iv) ry saam trein na Johannesburg.

(b) Mnr. en mev. Nel
(i) hou vakansie in Kaapstad.
(ii) huur 'n huis in Randburg.
(iii) het 'n huis in Randburg gekoop.
(iv) kuier by mnr. en mev. Botha.

(c) Mnr. Nel
(i) kook die kos.
(ii) maak graag tuin.
(iii) oefen graag klavier.
(iv) speel viool.

(d)	Mnr. Botha	(i)	hou vakansie in Johannesburg.
		(ii)	gaan sake in Johannesburg doen.
		(iii)	reis na Kimberley.
		(iv)	woon in Randburg.
(e)	Mnr. Botha reis terug na Kaapstad	(i)	met die motor.
		(ii)	met die vliegtuig.
		(iii)	per trein.
		(iv)	met die bus.

Begrip

Consult a dictionary or the vocabulary list.

(a) Whom did Piet meet?
(b) Where did he meet him?
(c) How long has Willem been living in Gordon's Bay?
(d) When is Piet going to retire?
(e) Who is studying at Stellenbosch?
(f) Where does Piet's son live?
(g) Is Gordon's Bay a seaside resort near Durban?
(h) Is it safe for bathing?
(i) Name two kinds of wild flowers growing in the mountains?
(j) Name three kinds of sporting activities that are popular in Gordon's Bay.

Piet Is dit tog nie jy nie, Willem? Woon jy hier?
Willem Ja, ons het verlede maand hierheen verhuis.
Piet Werk jy nie meer nie?
Willem Nee, ek het afgetree en rus nou lekker. Wanneer tree jy af?
Piet Eers oor vier jaar.
Piet Wat doen jou seun?
Willem Hy is 'n student op Stellenbosch en nog ongetroud. En joune?
Piet Hy is 'n lektor in Pretoria en woon op 'n kleinhoewe buite die stad.

Willem Laat ek jou iets vertel van Gordonsbaai. Gordonsbaai is 'n unieke kusdorpie met 'n heerlike klimaat, geleë naby Kaapstad. Die somer is warm, maar die suidoostewind hou die dorpie koel. In die lente is daar pragtige heide, proteas en ander veldblomme in die berge. Die herfs is sonnig en aangenaam. Dit reën dikwels in die winter. Die see is kalm en baie veilig vir baaiers, veral kinders. Daar is 'n skilderagtige vissershawe by Bikini-strand. Hengelaars vang vis van die hawehoof en van die rotse af. Ek hou daarvan om met 'n vissersboot of 'n skiboot uit te gaan om vis te vang. Hier sal jy baie jongmense op seilplanke en seiljagte sien of hulle ski in die oop see. Gordonsbaai is 'n regte paradys vir vakansiegangers. Piet, wil jy nie ook hier kom woon nie? Dan kan jy lekker tennis, rolbal of gholf speel.

10 Kos en inkopies

In this unit you will learn more about food and how to make polite conversation at table. You will also learn how to place your order at a restaurant, to go shopping and to write invitations.

By die huis

Mr Botha returns home from his trip to Johannesburg.

Jan	Hallo, Marie, hoe gaan dit? Het jy na my verlang?
Marie	Ja, ek was eensaam. Ek is bly jy is terug.
Jan	Kry 'n mens dan nie 'n bietjie kos nie?
Marie	Sê eers wat jy vir my gebring het?
Jan	Nee, dis 'n geheim. A! skaapboud, gebakte aartappels, ertjies.
Marie	Nou wat het jy verwag?
Marie	Nog 'n skeppie poeding?
Jan	Ja, asseblief; dit smaak baie lekker. Is dit 'n nuwe resep?
Marie	Nee, stokoud. Jy het al vergeet hoe sagopoeding smaak. Ek maak dit selde. . . . Kom ons drink koffie in die sitkamer.
Jan	Ai, dis lekker om tuis te wees.
Marie	Toe jong – dis tyd vir skottelgoed was.
Jan	Waar is die bediende dan?
Marie	Donderdag is haar vry dag – het jy dan vergeet?
Jan	O ja, natuurlik. Ek het net gedink sy is met vakansie. . . . Ek help jou gou.
Marie	Jan, ek moet môre kruideniersware gaan koop. Ek het kontant nodig.
Jan	Hoeveel?
Marie	So R300.
Jan	Sjoe! dis baie.
Marie	Ja, alles is so duur. Wat moet ek vir jou saambring?
Jan	Kry ek ook iets?

Kos en inkopies	*food and shopping*
Het jy na my verlang?	*Did you miss me?*
eensaam	*lonely*
terug	*back*
'n mens	*a person*
eers	*first*
gebring	*brought*
geheim	*secret*
skaapboud	*leg of mutton*
gebakte aartappels	*baked potatoes*
ertjies	*peas*
Nou, wat het jy verwag?	*Well, what did you expect?*
nog 'n skeppie	*some more, another helping*
poeding	*pudding*
smaak	*taste*
resep	*recipe*
stokoud	*as old as the hills*
vergeet	*forget*
sagopoeding	*sago pudding*
selde	*seldom*
toe jong –	*come on –*
skottelgoed was	*dishwashing*
bediende	*servant*
natuurlik	*naturally*
het gedink	*thought*
met vakansie	*on holiday*
kruideniersware	*groceries*
Ek het kontant nodig	*I need cash*
duur	*expensive*
saambring	*bring along*
Kry ek ook iets?	*Do I also get something?*

Tafel dek

Conversation between Mrs Botha and her maid, Bettie.

Mev. Botha Bettie, sal jy die tafel asseblief gou dek? Gebruik die nuwe eetservies en messegoed. Ons het gaste vanaand. Die getroude kinders kom kuier.

Bettie Goed, Mevrou. Watter tafeldoek en servette?

Mev. Botha Dié in die laai.

Bettie dek die tafel so:

tafel dek	*setting a table*
gebruik	*use*
eetservies	*dinner service*
messegoed	*cutlery*
gas(te)	*guest(s)*
getroude	*married*
tafeldoek	*table cloth*
servet(te)	*napkin(s)*
dié (note accent mark on e)	*those*
laai	*drawer*
wynglas(e)	*wine glass(es)*
groot	*big*
groot mes (tafelmes)	*table knife*
groot vurk (tafelvurk)	*table fork*
soplepel	*soup spoon*
dessertvurk	*dessert fork*
kleinbordjie	*side plate*

Aan tafel

Mnr. en mev. Botha se dogter Rita en skoonseun Willem, eet saam met hulle.

Jan	Watter wyn verkies jy, Willem?
Willem	'n Droë Riesling, asseblief Pa.
Marie	Kan ek vir almal vleis inskep?
Almal	Ja, asseblief.
Marie	Skep vir julle groente in.
Willem	Gee my asseblief die sout en peper aan?
Marie	Seker. Sal jy nog 'n stukkie vleis neem, Rita?
Rita	Nee dankie, Ma.
Marie	Het jy genoeg geëet?
Rita	Oorgenoeg. Ma se kos is puik. Die bobotie is heerlik. Gee Ma om as ek die resep vra?
Marie	Nee glad nie. Dis Ouma se tipiese ou Kaapse resep. Kan ek vir jou nog 'n bietjie inskep, Willem?
Willem	Ja, nog 'n bietjie asseblief, Ma, ek is verskriklik honger.
Jan	Roomys by die vrugteslaai?
Rita	Net vla, asseblief.

Bobotie

1 kg gemaalde skaap- of beesvleis	*1 kg minced mutton or beef*
1 dik sny witbrood	*1 thick slice white bread*
250 ml melk	*250 ml milk*
2 uie, gekap	*2 onions, chopped*
30 ml botter	*30 ml butter*
30 ml medium kerriepoeier	*30 ml medium curry powder*
'n paar rosyne	*a few raisins*
10 ml sout	*10 ml salt*
'n knippie peper	*a pinch of pepper*
sap van 1 suurlemoen	*juice of one lemon*
of 30 ml asyn	*or 30 ml vinegar*
5 ml bruin suiker	*5 ml brown sugar*
of 15 ml appelkooskonfyt	*or 15 ml apricot jam*
2 eiers	*2 eggs*
6 lemoen-, suurlemoen- of lourierblare	*6 orange, lemon or bay leaves*

Week die brood in 125 ml melk. Druk die melk uit die brood en voeg dit by die res van die melk.	Soak the bread in 125 ml milk. Squeeze the milk out of the bread and add to the remaining milk.
Braai die uie in die botter.	Fry the onions in the butter.
Voeg die kerriepoeier, sout en peper by. Braai 2 minute.	Add the curry powder, salt and pepper. Fry for 2 minutes.
Voeg suurlemoensap of asyn, geweekte brood, bruinsuiker of appelkooskonfyt, rosyne en gemaalde vleis by. Meng goed.	Add lemon juice or vinegar, soaked bread, brown sugar or apricot jam, raisins and mince. Mix well.
Skep in 'n gesmeerde bak.	Place in a buttered baking dish.
Klits eiers en melk saam en giet oor die mengsel.	Beat the eggs and milk together and pour over the mixture.
Bak 1–1½ uur by 180 °C.	Bake 1–1½ hours at 180 °C.
Bedien met rys en blatjang.	Serve with rice and chutney.

droog (droë)	*dry (adj.)*
vleis	*meat*
sout	*salt*
peper	*pepper*
stukkie	*piece*
oorgenoeg	*more than enough*
Ek is verskriklik honger.	*I'm starving. (lit. I'm awfully hungry.)*
Gee Ma om as ek die resep vra?	*Mom, would you mind giving me the recipe?*
tipiese	*typical*
roomys	*ice cream*
vrugteslaai	*fruit salad*
vla	*custard*

In die kafeteria

Frans en Rina ontmoet mekaar by die kafeteria.

Frans Hallo, Rina, kom ons gaan eet aarbeie en room.
Rina Nee dankie, dit maak my te vet.
Frans Goed, wat van koeldrank? Dis warm vandag.

Rina	Top! Jy kan suurlemoensap vir my bestel.
Frans	Volg jy 'n dieet?
Rina	Ja, ek moet gewig verloor. Ek wil maer word. Ek hou nie van myself so vet nie.
Frans	Dit is nie nodig nie. Ek hou van jou soos jy is.
Rina	Maar die ander ouens nie!
Frans	Hmm! Daar is ander?
Rina	Natuurlik. Ek is nog jonk. Is jy miskien jaloers?
Frans	Nee, glad nie. . . Sal jy Saterdagaand saam met my gaan dans?
Rina	O, dolgraag! As dit nie reën nie.
Frans	Ek stap saam met jou huis toe.
Rina	(lag) Ons moet eers koeldrank drink.
Frans	(verleë) Ag, ekskuus tog. Kelner, twee glase suurlemoensap, asseblief.

kafeteria	*cafeteria*
mekaar	*each other*
aarbeie en room	*strawberries and cream*
te vet	*too fat*
koeldrank	*cold drink*
suurlemoensap	*lemon juice*
bestel	*order*
top!	*agreed!*
volg jy 'n dieet?	*are you on a diet?*
ek moet gewig verloor	*I must lose weight*
nodig	*necessary*
Ek wil maer word.	*I want to lose weight.*
soos	*as*
ouens	*guys*
jonk	*young*
miskien	*perhaps*
jaloers	*jealous*
glad nie	*not at all*
dans	*dance*
dolgraag	*I would very much like to.*
as dit nie reën nie	*if it does not rain*
ekskuus tog	*pardon me*
kelner	*waiter*
lag	*laugh*
verleë	*embarrassed*

'n Uitnodiging (An invitation)

JAN & MARIE BOTHA nooi PIET & ANNIE SWART hartlik uit na 'n dinee in die Flamingorestaurant, Langstraat 117, Pretoria op 15 September om 20h00. Antwoord asseblief Brinkstraat 8 Pretoria Tel. 59483	JAN & MARIE BOTHA cordially invite PIET & ANNIE SWART to dinner at the Flamingo Restaurant, 117 Long Street, Pretoria on 15 September at 20 h00. R.S.V.P. 8 Brink Street Pretoria Tel. 59483

Aanvaarding

Acceptance

Piet en Annie Swart neem Jan en Marie Botha se vriendelike uitnodiging na 'n dinee op Vrydag 15 September in die Flamingo-restaurant met dank aan.	*Piet and Annie Swart gladly accept Jan and Marie Botha's kind invitation to dinner at the Flamingo Restaurant on Friday 15 September.*

Jan en Marie se vriende Koos en Sannie, kan nie kom nie. So lyk hulle antwoord:

Ons is jammer dat ons nie julle vriendelike uitnodiging na 'n dinee op Vrydag, 15 September kan aanvaar nie aangesien ons 'n ander afspraak het. *Groete,* *Koos en Sannie*	*We are sorry that we cannot accept your friendly invitation to dinner on Friday, 15 September as we have another commitment.* *Kind regards,* *Koos and Sannie*

Formele uitnodiging

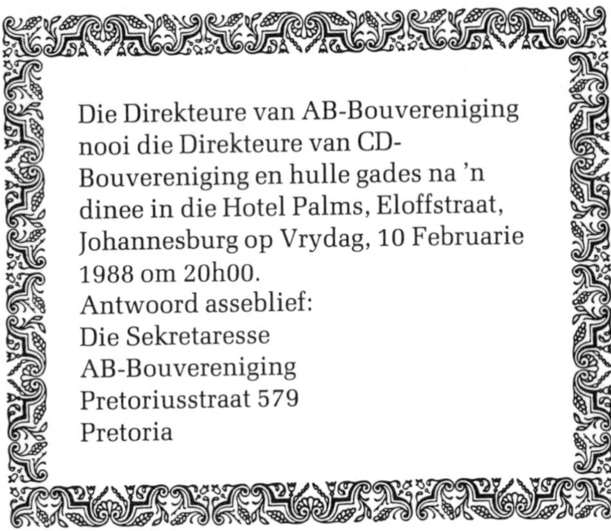

Die Direkteure van AB-Bouvereniging nooi die Direkteure van CD-Bouvereniging en hulle gades na 'n dinee in die Hotel Palms, Eloffstraat, Johannesburg op Vrydag, 10 Februarie 1988 om 20h00.
Antwoord asseblief:
Die Sekretaresse
AB-Bouvereniging
Pretoriusstraat 579
Pretoria

Formal invitation

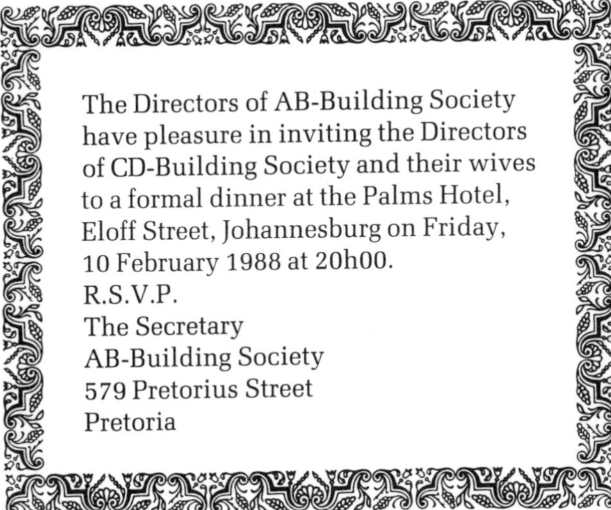

The Directors of AB-Building Society have pleasure in inviting the Directors of CD-Building Society and their wives to a formal dinner at the Palms Hotel, Eloff Street, Johannesburg on Friday, 10 February 1988 at 20h00.
R.S.V.P.
The Secretary
AB-Building Society
579 Pretorius Street
Pretoria

Formele weiering

Dit spyt die Direkteure van CD-Bouvereniging en hulle gades dat hulle nie die vriendelike uitnodiging van die Direkteure van AB-Bouvereniging na 'n dinee op Vrydag, 10 Februarie kan aanvaar weens ander verpligtings nie.

Formal refusal

The Directors of CD-Building Society and their wives regret that they are unable to accept the kind invitation of the Directors of AB-Building Society to dinner on Friday, 10 February owing to another commitment.

In die restaurant

Die wynkelner bring die wynlys. (The wine steward brings the wine list.)

Jan Bring asseblief vir ons een bottel Nederburg Shiraz en een Grünberger Stein!
Kelner Seker, Meneer.

Die kelner bring die *à la carte*-spyskaart.

Kelner Wat kan ek vir u bring. 'n Voorgereg?
Annie Ek sal 'n kreefkelkie neem.
Marie Vir my ook.
Jan Wat vir jou, Piet?
Piet 'n Garnaalkelkie vir my asseblief.
Jan Ek neem dieselfde.
Kelner U hoofgereg?
Annie Kruisskyf asseblief, goed gaar.
Marie Eend met lemoensous, asseblief.
Piet Ek neem beesfilet, halfgaar asseblief.
Jan Steurgarnale, asseblief.
Annie Die kos is smaaklik.
Marie Nagereg vir julle?
Almal Nee dankie, ons het heerlik geëet.
Jan 'n Koppie koffie vir almal?
Almal Ja, dankie.

bottel	*bottle*
voorgereg	*hors d'oeuvre*
kreefkelkie	*crayfish/lobster cocktail*
garnaalkelkie	*shrimp cocktail*
hoofgereg	*main dish*
kruisskyf	*rump steak*
goed gaar	*well done*
eend	*duck*
lemoensous	*orange sauce*
beesfilet	*fillet steak*
halfgaar	*underdone*
steurgarnale	*prawns*
smaaklik	*tasty*
nagereg	*dessert*
almal	*everyone*

Inkopielys / Shopping list

Inkopielys	Shopping list
Groente	*Vegetables*
aartappels	potatoes
wortels	carrots
tamaties	tomatoes
blaarslaai, kropslaai	lettuce
Vrugte	*Fruit*
lemoene	oranges
appels	apples
druiwe	grapes
Vleis	*Meat*
varktjops	pork chops
hoender	chicken
beesvleis	beef
Drinkgoed	*Beverages*
koeldrank	cold drinks
wyn	wine
bier	beer
Blikkieskos	*Tinned food*
sardiens	sardines

Weense worsies	Vienna sausages
ingemaakte perskes	tinned peaches
Vis	*Fish*
tongvis	sole
forelle	trout
kabeljou	kob, cod
Brood	*Bread*
volkoring	whole wheat
witbrood	white bread
rolletjies	rolls
Rookgoed	*Smoking paraphernalia*
sigarette (kurk)	cigarettes (cork)
vuurhoutjies	matches
tabak, twak	tobacco

Notes

1 The impersonal pronoun *it* (**dit**)

Dit reën.	It is raining.
Dit sneeu.	It is snowing.
Dit hael.	It is hailing.

2 The reflexive pronoun

self/myself	myself
jouself/uself	yourself
homself/haarself	himself/herself
onsself	ourselves
julleself/uself	yourselves
hulleself	themselves

Voorbeelde

Mev. Brits kook **self**.
Wees **jouself**.
Hy ken **homself**.

Note that Afrikaans never uses forms like *myself* for emphasis.

e.g. I saw it *myself*. Ek het dit *self* gesien.
but: Ek hou nie van *myself* so vet nie.

3 Table of pronouns
The following table may assist you in recognising pronouns. Do not memorise the list of pronouns, but please use them in sentences.

Personal	**Direct/ Indirect object**	**Possessive**	**Impersonal**	**Reflexive**
ek	jy	my; myne	dit	mekaar
jy/u	jou/u	jou; jou(n)e/ u; u s'n		jouself/ uself
hy/sy/dit	hom/haar/dit	syne/hare		homself/ haarself
ons	ons	ons; ons s'n		onsself
julle/u	julle/u	julle; julle s'n/ u; u s'n		julleself/ uself
hulle/hul	hulle/hul	hulle; hulle s'n		hulleself

4 Diminutives are formed by adding one of the following endings (suffixes) to the noun:
-ie, -tjie, -pie

(a) **-ie: boek** + **-ie** = boekie
vurk + **-ie** = vurkie

Note (i) **-kie** is added if the word ends on *-ng*, the *g* being replaced by a *k*

woning (house)	woninkie
horing (horn)	horinkie

(ii) The last consonant is doubled if the vowel is short:
mes + **-ie** = messie
blik + **-ie** = blikkie

(b) **-tjie** or **-etjie: sny** + **-tjie** = snytjie; **man** + **-etjie** = mannetjie
lepel + **-tjie** = lepeltjie; **pan** + **-etjie** = pannetjie

Note that if the word ends on *-d* or *-t*, **-jie** is added:
bord + -jie = bordjie
brood + -jie = broodjie

(c) **-pie: boom + -pie** = boompie
Don't be alarmed at the almost superfluous use of the diminutive in Afrikaans, e.g. in *'n* **klein** *tafel***tjie** (a small table). This usage is part and parcel of Afrikaans idiom. If the noun is used in the diminutive form *mandjie* (basket), for example, a small basket can even be called *'n klein mandjietjie*!

5 Construction

In Afrikaans there is no preposition in the construction of the following:

'n koppie koffie	*a cup of coffee*
'n glas melk	*a glass of milk*
'n glasie sjerrie	*a small glass of sherry*
'n bord kos	*a plate of food*
'n bakkie nagereg	*a bowl of dessert*
'n slukkie bier	*a draught of beer*
'n sny brood	*a slice of bread*
'n happie kaas	*a bite of cheese*
'n blikkie vis	*a tin of fish*

EXERCISE 10

1 Instructions
Tell Annie what to do. The form is the same as in English.

Example: Eet jou kos. Eat your food.

But (**Optel**) asseblief die servet.
Tel asseblief die servet **op**.
Note that all the compound verbs are separable.

(a) (**Inskep**) die kos asseblief.
(b) (**Aangee**) asseblief die suiker.
(c) (**Voorberei**) die groente,.
(d) (**Afklim**) van die trein.
(e) (**Bywoon**) die vergadering, asseblief.

2 Write all the underlined words in the diminutive form.
(a) My ma kook 'n **pot** vleis.

- *(b)* Sy roer die tee met 'n klein **teelepel**.
- *(c)* Sal u 'n **stuk** koek neem?
- *(d)* Wat van nog 'n **glas** wyn?
- *(e)* Koop asseblief vir my 'n **blik** koffie.
- *(f)* Marie koop 'n klein **bord**.
- *(g)* Sit die eiers in die klein **pan**.
- *(h)* Waar kry jy die **mes**?
- *(i)* Eet met die klein **vurk**.
- *(j)* Koop 'n klein **brood**.

3 Match the letter in the first column with the number in the second:

(a) Rina en Frans ontmoet mekaar	(i) in 'n restaurant. (ii) by Rina se huis. (iii) by die kafeteria. (iv) by die stasie.
(b) Frans bestel	(i) aarbeie en roomys. (ii) twee koppies tee. (iii) 'n glasie wyn. (iv) twee glase suurlemoensap.
(c) Rina is	(i) maer. (ii) te vet. (iii) oud. (iv) siek.
(d) Rina wil	(i) by die huis bly. (ii) saam met Frans gaan dans. (iii) na 'n restaurant gaan. (iv) gaan slaap.

Begrip

Consult a dictionary or the vocabulary list and choose the correct answer.

(a) Mnr. Brits koop	(i) 'n volkoringbrood. (ii) 'n witbrood. (iii) toebroodjies.
(b) Mnr. Brits koop	(i) net eiers, brood en tamaties. (ii) 'n wit brood en eiers. (iii) rookgoed saam met die kruideniersware.

(c)	Mnr. Brits betaal	(i)	die regte bedrag.
		(ii)	gee te veel geld en kry kleingeld.
		(iii)	gee te min geld.
(d)	Mnr. Brits betaal	(i)	AVB op alles wat hy koop.
		(ii)	AVB net op sy rookgoed.
		(iii)	AVB net op die eiers.

Mev. Brits stuur haar man na die kafee om 'n bietjie kruideniersware te koop.

Verkoopsdame	Goeiemôre. Kan ek help?
Mnr. Brits	Ja, asseblief. Ek soek eiers.
Verkoopsdame	Klein, medium of groot?
Mnr. Brits	Nee, ek weet nie. Verskil eiers in grootte? Gee maar een dosyn groot eiers.
Verkoopsdame	Ekstra groot, Meneer?
Brits	(verward) Nee, nou verwar u my. Ek is deurmekaar.
Verkoopsdame	Dan gee ek u groot eiers. Nog iets, Meneer?
Brits	'n Brood asseblief.
Verkoopsdame	Wit-, bruin- of volkoringbrood?
Brits	Enigiets.
Verkoopsdame	Maar u vrou het seker gesê wat sy wil hê?
Brits	O ja, 'n witbrood vir toebroodjies . . . Hoeveel kos die tamaties?
Verkoopsdame	R____ 'n kilogram.
Brits	Gee my twee kilogram ryp maar ferm tamaties, asseblief.
Verkoopsdame	Sal dit al wees?
Brits	Ja, dankie. Hoeveel skuld ek?
Verkoopsdame	Dis R____.
Brits	Net 'n oomblik. Gee my asseblief 'n pakkie Rembrandt-sigarette met kurk en 'n pak vuurhoutjies. Hoeveel kos dit?
Verkoopsdame	Dit is R__.

Brits betaal met 'n R__-noot en ontvang sy kleingeld.

11 Betaal

The aim of this unit is to teach you to express yourself when shopping in general.

Koop

Mnr. en mev. Botha kuier in Transvaal. (Mr and Mrs Botha are on a visit in the Transvaal.)

Marie Het jy jou tjekboek?
Jan Vandag gebruik ek my kredietkaart.
Marie Ek kan seker by 'n modewinkel iets vir die somer koop?
Jan Ai, julle vrouens wil ook altyd net koop.
Marie Maar ons het 'n groot verskeidenheid klere nodig. Ek kan tog nie my ou winterklere in die somer dra nie.

betaal	*pay*
tjekboek	*cheque book*
kredietkaart	*credit card*
modewinkel	*fashion boutique*
ai!	*ah! (exclamation, interjection)*
het nodig	*need*
verskeidenheid	*variety*
klere	*clothes*
Ek kan tog nie	*Surely, I can't*
winterklere	*winter clothes*
dra	*wear*
verkoop	*sell*

In die meubelwinkel

Verkoopsman Goeiemôre. Waarmee kan ek help?
Jan Ons wil graag na yskaste kyk, asseblief.
Verkoopsman Hier is 'n baie mooi yskas met 'n groot vrieshok.
Marie Nee, Jan, dis te groot. Ons moet iets kleiners koop vir Alida.

Verkoopsman	Hierdie een is kompak en het ook pakplek in die deur.
Jan	Hoeveel kos hy?
Verkoopsman	R . . .
Jan	Gee u afslag vir kontant?
Verkoopsman	Ja, tien persent.
Jan	Is dit u beste prys?
Verkoopsman	U sal dit nêrens goedkoper kry nie.
Marie	Is daar 'n waarborg op die yskas?
Verkoopsman	Ja, Meneer. U moet net hierdie vorm invul en teken. Ons lewer die yskas môre af. U adres asseblief?

meubelwinkel	*furniture store*
verkoopsman	*salesman*
yskas	*refrigerator*
vrieshok	*freezing department*
iets kleiner*s* (note the -*s*)	*something smaller*
kompak	*compact*
pakplek	*storage, storing space*
afslag	*discount*
tien persent	*ten percent*
prys	*price*
goedkoper	*cheaper*
kry	*get*
waarborg	*guarantee*
aflewer	*deliver*

In 'n afdelingswinkel

Mev. Botha bestudeer eers die kennisgewingbord in 'n groot afdelingswinkel. (Mrs Botha first studies the notice board in a large department store.)

Kelderverdieping	**Basement**
• **tuingereedskap**	• garden equipment, tools
• **meubels**	• furniture
• **elektriese ware**	• electrical appliances
• **kombuisbenodigdhede**	• kitchen utensils

- **rottangwerk**
- **visgereedskap**

Grondverdieping

- **inligting**
- **kosmetiek en parfuum**
- **juweliersware**
- **kouse**
- **kramery**
- **leerware**
- **skryfbehoeftes**
- **aandenkings**
- **plate en kassette**
- **lekkers**

1ste Verdieping

- **kinderklere**
- **babaklere**
- **onderklere**
- **haarkapper en skoonheid-salon**
- **speelgoed**

2de Verdieping

- **damesklere**
- **mansklere**
- **skoene**
- **tienerafdeling**

3de Verdieping

- **linne**
- **glasware**
- **silwerware**
- **geskenke**
- **matte**

4de Verdieping

- **restaurant**
- **sportdrag**

- wicker work
- fishing tackle

Ground Floor

- information
- cosmetics and perfume
- jewellery
- hosiery
- haberdashery
- leather ware
- stationery
- souvenirs
- records and cassettes
- sweets

1st Floor

- children's clothes
- baby wear
- lingerie
- hairdresser and beauty parlour
- toys

2nd Floor

- ladies wear
- men's clothes
- shoes
- teenage department

3rd Floor

- linen
- glassware
- silverware
- gifts
- carpets

4th Floor

- restaurant
- sports wear

In die damesafdeling

Mev. Botha gaan met die roltrap op na die damesafdeling op die tweede verdieping. (Mrs Botha takes the escalator to the ladies department on the second floor.)

Verkoopsdame Goeiemôre, Mevrou. Is u al gehelp?
Mev. Botha Nee, nog nie. Ek soek 'n sonrok, 'n romp en 'n bloese.
Verkoopsdame U grootte?
Mev. Botha 14.
Verkoopsdame Hier is ons jongste besending. Ons het hulle so pas uitgepak. U kan hierdie paskamer gebruik.
Mev. Botha Dankie.
Verkoopsdame Pas die klere, Mevrou?
Mev. Botha Kan u die soom verstel – die sonrok is te lank.
Verkoopsdame Ja, seker. Die kleur pas u goed.

Mev. Botha betaal en gaan na die speelgoedafdeling. Daar koop sy 'n pop vir Louise, haar oudste kleindogter en 'n speelgoedtreintjie vir klein Adriaan, haar kleinseun, wat jonger as Louise is. Vir die jongste kleinkind, Riekie, koop sy 'n bal.

damesafdeling	*ladies department*
Is u al gehelp?	*Have you been attended to?*
sonrok	*sundress*
romp	*skirt*
bloese	*blouse*
jongste	*latest*
besending	*consignment*
so pas	*just*
uitpak	*unpack*
paskamer	*fitting room*
soom	*hem*
verstel	*alter*
kleur	*colour*
pas	*fit, suit*
speelgoedafdeling	*toys department*
pop	*doll*
oudste	*eldest*
kleindogter	*granddaughter*
speelgoedtreintjie	*toy train*
kleinseun	*grandson*

jonger	*younger*
jongste	*youngest*
kleinkind	*grandchild*
bal	*ball*

In die tienerafdeling

Verkoopsdame Goeiemôre, Mevrou. Enigiets vir u?

Mev. Botha Goeiemôre, wys my swempakke vir tieners, asseblief, nommer 80.

Verkoopsdame Hier is 'n mooi, swart bikini. Die jong meisies hou daarvan.

Mev. Botha Ja, ek dink hierdie een is reg vir Martie.

Mev. Botha betaal en neem die pakkie. Sy gaan met die hyser af ondertoe.
Mnr. Botha kom nader. Hy is baie ongeduldig.

Mnr. Botha Jy het my ure lank in die motor laat wag. Maak nou gou asseblief.

Mev. Botha Jammer, ek moes vir almal by die huis geskenke koop.

Mnr. Botha Jy bederf die kinders en kleinkinders . . . Kyk, dit reën. Nou moet ek ook nog 'n sambreel koop. Ek hoop nie ek kry boonop 'n verkeersboete nie.

Hulle kom by die motor en daar is 'n boetekaartjie vir R__ teen die windskerm!

Mnr. Botha Verbrands!. . . . Ek gaan nooit weer saam met jou stad toe nie!

Mev. Botha Jammer, ou man, maar dit was darem 'n lekker dag in Johannesburg, nè?

tienerafdeling	*teenage department*
verkoopsdame	*saleslady; attendant*
enigiets	*anything*
wys	*show*
swempakke	*bathing suits*
tieners	*teenagers*

swart	*black*
bikini	*bikini*
pakkie	*parcel*
ondertoe	*down*
naderkom	*approach*
ongeduldig	*impatient*
wag	*wait*
nader	*closer*
ure lank	*for hours*
geskenke	*gifts*
bederf	*spoil*
sambreel	*umbrella*
hoop	*hope*
boonop	*in addition, as well*
verkeersboete	*traffic fine*
boetekaartjie	*fine ticket*
windskerm	*windscreen*
verbrands!	*damn it!*
nooit weer	*never again*
darem	*really*

Notes

1 Comparison

Voorbeelde

goed	beter	beste (good, better, best)
min	minder	minste (little, less, least)
baie	meer	meeste (much, more, most)

Dis **goed** (good) om **min** (a little) te drink.
Dis **beter** (better) om **minder** (less) te drink.
Dis die **beste** (best) om nie te drink nie. Sy drink die minste (least).

Jy drink **baie**.
Hy drink **meer**.
Julle drink *__die meeste__.

* Note that the article *die* always precedes the superlative form. *Die meeste* mense.

2 Adjectives—colour

wit	*white*	**swart**	*black*
rooi	*red*	**groen**	*green*
bruin	*brown*	**blou**	*blue*
geel	*yellow*	**oranje**	*orange*
ligroos, pienk	*pink*	**grys**	*grey*
room	*crème, cream*	**lemmetjie**	*lime*
silwer	*silver*	**goud**	*gold*
pers	*mauve/purple*		

3 Intensive forms of colour adjectives

spierwit	*(literally muscle white)*
sneeuwit	*snow white*
bloedrooi	*blood red*
pikswart	*pitch black*
grasgroen	*grass green*
goudgeel	*golden yellow*
potblou	*bright blue*

4 Similes

As intensive forms and similes are idiomatic they cannot always be translated literally.

so wit soos sneeu/'n laken	*as white as snow/a sheet*
so swart soos die nag	*lit. as black as the night (pitch)*
so rooi soos bloed	*as red as blood*
so geel soos borrie	*lit. as yellow as turmeric*
so groen soos gras	*as green as grass*

5 Remarks about clothes

Jy lyk deftig.	*You look smart.*
Sy is altyd elegant geklee.	*She is always elegantly dressed.*
Blou vlei jou.	*Blue flatters you.*
Swart laat jou skraler lyk.	*Black makes you look slimmer.*
Donker skakerings pas jou glad nie.	*Dark shades do not suit you.*
Jou jas is te kort.	*Your coat is too short.*
Gee my jou eerlike mening	*Give me your honest opinion.*
Sê my wat jy regtig dink.	*Tell me what you really think.*
Hierdie styl is outyds/ouderwets/oudmodies.	*This style is old-fashioned.*
Jy lyk treffend.	*You look stunning.*

6 Uitdrukkings (Expressions in everyday speech)

Trek jou klere aan.	*Put on your clothes.*
Sit jou das aan/om.	*Put on your tie.*
Sit jou hoed op.	*Put on your hat.*
Trek jou skoene aan.	*Put on your shoes.*
Trek jou sokkies uit.	*Take off your socks.*
Steek jou hand in jou sak.	*Put your hand into your pocket.*
Haal jou hand uit jou sak uit.	*Take your hand out of your pocket.*
Haal jou pet af.	*Take off your cap.*
Trek 'n T-hemp aan.	*Put on a T-shirt.*
Bêre jou baadjie.	*Put away your jacket.*
Hang jou reënjas agter die deur.	*Hang your raincoat behind the door.*
Sit jou trui in die laai.	*Put your pullover/jersey in the drawer.*
Neem jou pak klere na die droogskoonmaker toe.	*Take your suit to the dry-cleaners.*

EXERCISE 11

1 Study the example and answer the questions based on the previous section.

Voorbeeld
Wat moet ek met my skoene maak?
Jy moet jou skoene aantrek.
(Remember separable verbs will take the infinitive form after *moet*.)

(a) Wat moet ek met my pet maak?
Jy moet jou pet . . .
(b) Wat moet ek met my baadjie doen?
Jy moet jou baadjie . . .
(c) Wat moet ek met my sokkies doen?
Jy moet jou sokkies . . .
(d) Wat moet ek met my reënjas maak?
Jy moet jou reënjas agter die deur . . .
(e) Waarheen moet ek my pak klere neem?
Jy moet jou pak klere na die . . . toe . . .

2 Find the most suitable response for each question.

(a) Hou u van blou, Juffrou?	(i) My vriendin – sy koop alles hier en het my hierheen gestuur.
(b) Jou pak klere is vuil (dirty).	(ii) Ek gaan dit korter maak.
(c) Waar het jy die bikini gekoop?	(iii) Ek het die bruin jas aangepas.
(d) Die rooi rok is te lank.	(iv) Ek dink nie dis duur vir deftige skoene nie.
(e) Watter jas het u aangepas?	(v) Ek weet, ek neem hom/dit vandag na die droogskoonmaker.
(f) Wie betaal die rekening?	(vi) Ja, ek spaar (save) R5.
(g) Die skoene is te duur.	(vii) In die nuwe winkel wat net swemklere verkoop.
(h) Is jy tevrede met die afslag?	(viii) Ja, blou is my gunstelingkleur. (favourite colour)
(i) Wie het jou hierheen aanbeveel?	(ix) My pa – hy betaal altyd.
(j) Pas my das by die hemp?	(x) Ja, dis dieselfde kleur as jou hemp.

Begrip

Consult a dictionary or the vocabulary list.

1 Is Johan merely flattering Linda?
2 Does she want him to wear a dress suit?
3 Where are the couple going to?

Linda het haar deftigste uitrusting vir die huweliksonthaal aangetrek.

Johan Jy lyk pragtig in blou! So elegant!
Linda Is jy nou eerlik?
Johan Is jy gewoond dat ek jou vlei?
Linda Ek het net gewonder.
Johan Wil jy nou hê ek moet 'n aandpak aantrek?
Linda Nee, trek aan wat jy wil.

12 In die stad

In this unit you will learn to converse in a hairdressing salon, a library and a pharmacy.

By die dameshaarkapster

Mev. Botha laat haar hare sny en set. (Mrs Botha is having a haircut and set.)

Haarkapster Goeiemôre, Mevrou. Kom sit hier by die wasbak. Sjampoe en set, of moet ek u hare droogblaas?
Mev. Botha Nee, vandag wil ek 'n permanente golwing hê.
Haarkapster Moet ek sny en kleur, of wil u glansstroke hê?
Mev. Botha Sny en kleur, asseblief.
Haarkapster Opknapper, vandag?
Mev. Botha Ja, asseblief. Dit maak my hare meer hanteerbaar en gee dit meer volheid.

Note the use of **laat** (to have something done).
Example: Ek gaan my hare **laat** sny. (I am going to have a haircut.)
Ek gaan my hare **laat** kleur. (I am going to have my hair tinted.)

By die manshaarkapper (barbier)

Mnr. Botha laat sy hare sny. (Mr Botha is having a haircut.)

Haarkapper Goeiemôre, Meneer. Sit gerus. Kort?
Mnr. Botha Nee, nie te kort nie.
Haarkapper Moet ek u wenkbroue netjies maak?
Mnr. Botha Ja, asseblief.
Haarkapper Wat van skeer?
Mnr. Botha Nee, dit doen ek altyd self.

wasbak	*wash-basin*
sjampoe en set	*shampoo and set*
droogblaas	*blow wave*
permanente golwing	*permanent wave (perm)*
kleur	*tint*
glansstroke	*highlights*
opknapper	*conditioner*
hanteerbaar	*manageable*
volheid	*body (hairdresser's terminology)*
manshaarkapper/barbier	*barber*
kort	*short*
wenkbroue	*eyebrows*
netjies	*neat*
skeer	*shave*

'n Besoek aan 'n biblioteek

Mnr. Botha Hoe kan ek 'n tydelike lid van die biblioteek word? Ek woon nie permanent op die dorp nie.

Bibliotekaris Vul hierdie vorm in, Meneer, en dan moet u R10 deposito betaal.

Mnr. Botha Waar is die koerante en tydskrifte?

Bibliotekaris In die volgende vertrek. Daar is ook 'n kunsgalery en 'n diskoteek langsaan.

Mnr. Botha Dankie. Nou is die lang dag nie meer so vervelig nie.

biblioteek	*library*
tydelike	*temporary*
lid	*member*
bibliotekaris	*librarian*
invul	*fill in*
deposito	*deposit*
koerant(e)	*newspaper(s)*
tydskrif(te)	*magazine(s)*
volgende vertrek	*next room*
diskoteek	*record library*
lang	*long*
vervelig	*boring*

By die apteek

Mev. Botha	Gee my asseblief medisyne vir hoofpyn.
Apteker	Probeer hierdie pille – een elke vier uur.
Mev. Botha	My keel is seer. Watter keeltablette kan u aanbeveel?
Apteker	Hierdie met heuning in – dit sal u keel streel.
Mev. Botha	Baie dankie, ek sal 'n dosie neem. Waar is u skoonheidsmiddels/kosmetiek?
Apteker	By die toonbank daar agter. Die dame sal u help.
Mev. Botha	Gee my asseblief 'n buisie goeie reinigingsroom, poeier, onderlaag, vogroom en lipstiffie, asook naelpolitoer.
Verkoopsdame	Dit sal R102 wees.
Mev. Botha	Dis darem baie geld!
Verkoopsdame	As 'n dame mooi wil lyk, moet sy grimeer en grimering is duur, Mevrou.
Mev. Botha	Kan ek 'n film hier laat ontwikkel?
Verkoopsdame	Ja, seker.
Mev. Botha	Gee my asseblief ook 'n 35 millimeter spoel, 400-spoed, en twee batterye vir my kamera.

apteek	*pharmacy, chemist*
apteker	*pharmacist, dispenser, chemist*
medisyne	*medicine*
hoofpyn	*headache*
hierdie	*this/these*
pil(le)	*pill(s)*
keel	*throat*
seer	*sore*
keeltablet(te)	*throat tablet(s)*
streel	*soothe*
heuning	*honey*
dosie	*small box*
skoonheidsmiddels/kosmetiek	*cosmetics*
toonbank	*counter*
daar agter	*there at the back*
buisie	*small tube*
reinigingsroom	*cleansing cream*
poeier	*powder*
onderlaag	*foundation cream*

vogroom	*moisturiser*
lipstiffie	*lipstick*
naelpolitoer	*nail varnish/polish*
kleurskema	*colour scheme*
grimeer	*to make up*
grimering	*make-up*
film	*film*
ontwikkel	*develop*
millimeter	*millimetre*
spoel	*spool*
spoed	*speed*
batterye	*batteries*
kamera	*camera*

Notes

1 Note the **-s** in the following expressions:

iets kleiners	something smaller
iets groters	something bigger
iets moois	something pretty

2 Note the use of **wil word** (want(s) to become) in the following expressions:

Hy **wil** 'n onderwyser **word.**
Sy **wil** 'n dokter **word.**
Hulle **wil** bouers **word.**

3 Note the use of **wil wees** (want(s) to be):

Hy **wil** 'n tydelike lid van die biblioteek **wees.**
Sy **wil** graag 'n haarkapster **wees.**
Hulle **wil** graag **studeer.**

4 Degrees of comparison

Afrikaans follows almost the same method as English as regards comparison. In English, the ending **-er** is normally added to the adjective to form the comparative and **-est** to the adjective to form the superlative. In Afrikaans one normally uses **-ste** for expressing the superlative, whilst the comparative is formed in a similar way to that of English.

Reëlmatige vorms (regular forms):

Examples

John is **small.**	Jan is **klein.**
Peter is **smaller.**	Piet is **kleiner.**
Tom is the **smallest.**	Tom is die **kleinste.**

5 Table of degrees of comparison

Stellend (Positive)	*Vergrotend* (Comparative)	*Oortreffend* (Superlative)
mooi (pretty)	mooi**er**	mooi**ste**
warm (warm)	warm**er**	warm**ste**
kort (short)	kort**er**	kort**ste**
lang (long)	lang**er**	lang**ste**
blink (shiny)	blink**er**	blink**ste**

6 Changes in spelling in degrees of comparison

Stellend	*Vergrotend*	*Oortreffend*
groot (big)	gr**o**ter	gr**oo**tste
(one **o** according to the rule of an open syllable)		
oud (old)	**ouer**	oud**ste**
(the **d** is dropped in the comparative)		
jonk (young)	jon**ger**	jong**ste**
(note the **k**)		
sag (soft)	sa**gt**er	sag**ste**
(the original Dutch word ends on a *t*, viz zach*t* (soft)		
dom (stupid)	dom**mer**	dom**ste**

7 use of **-d** in comparatives
Add **-d** to the **-er** of the comparative if the adjective ends on **r** e.g. **duur** (expensive) becomes duur**der**
Klere is duur; huise is duurder.

8 *Examples*

Stellend	*Vergrotend*	*Oortreffend*
lekker (nice)	lekker**der**	lekker**ste**
seer (sore)	seer**der**	seer**ste**
ver (far)	ver**der** (Eng. further)	ver**ste**

9 As in English, a different word is often used in the comparative and superlative forms.

Stellend	*Vergrotend*	*Oortreffend*
goed (good)	**beter** (better)	**beste** (best)
baie (much)	**meer** (more)	**meeste** (most)
min (little)	**minder** (less)	**minste** (least)

10 Die gebruik van **meer** en **meeste.** (The use of more and most.)
Normally **meer** and **meeste** are used if the original adjective ends in *-e*.
tevrede (satisfied) **meer** tevrede die **meeste** tevrede

11 Ander maniere om te vergelyk. (Other ways of expressing comparison.)
Die gebruik van **so . . . soos.** (The use of **as . . . as**.)
Kaapstad is nie *so* warm *soos* Pretoria nie.
Cape Town is not *as* warm *as* Pretoria.

12 Die gebruik van **as.** (The use of **than.**)
Pretoria is warmer **as** Kaapstad.
Pretoria is warmer **than** Cape Town.

13 Afrikaans uses the superlative in the following case:
Pretoria is die warm**ste** van die twee stede.
Pretoria is the hott**er** of the two cities.

14 The construction **waarmee, daarmee,** etc.
met wat becomes **waarmee**
met dit becomes **daarmee**
van wat becomes **waarvan**

van dit becomes **daarvan**
met hierdie (this) becomes **hiermee**
met daardie (that) becomes **daarmee**
aan wat becomes **waaraan**
aan dit becomes **daaraan**
aan hierdie becomes **hieraan**
op wat becomes **waarop**
op dit becomes **daarop**

Sentences

With what do you cut the meat?
Waarmee sny jy die vleis?

Of what do you approve? (What do you like?)
Waarvan hou jy?

I approve of that. (I like that.)
Ek hou **daarvan.**

Do you cut with this?
Sny jy **hiermee?**

No, I cut with that.
Nee, ek sny **daarmee.**

What are you thinking about?
Waaraan dink jy?

I am thinking about that.
Ek dink **daaraan.**

On what are you sitting?
Waarop sit jy?

EXERCISE 12

1 Voltooi die trappe van vergelyking. (Complete the degrees of comparison.)
   (a) Sarie is mooi; Rosa is mooier, maar Hettie is die . . .
   (b) Fanie is dom; Albert is . . ., en Hans is die domste.
   (c) My onderwyser is goed; joune is beter; syne is die . . .
   (d) Hierdie rok is duur; daardie een is . . ., maar die een in die venster is die duurste.
   (e) Melk kos baie; kaas kos meer, maar vleis kos die . . .

2 Lees die gesprekke in hierdie eenheid weer en sê of die bewering reg of verkeerd is. Gee die regte antwoord as die bewering verkeerd is. (Reread the conversations in this unit and say whether the statements are *true* or *false*. Give the correct answer if the statement is false.)
   (a) Mev. Botha gaan haar hare laat kleur.
   (b) Mnr. Botha wil sy hare baie kort gesny hê.
   (c) Die barbier gaan hom skeer.
   (d) Mev. Botha koop kosmetiek by die haarkapster.
   (e) Mnr. Botha wil 'n permanente lid van die biblioteek word.
   (f) Mev. Botha koop medisyne by die apteek.
   (g) Die keeltablette wat sy koop, bevat (contain) heuning.

3 Replace the construction in brackets by one word.

   Voorbeeld
   Die barbier sny my hare met 'n skêr.
   (Met wat) sny hy? (waarmee)
   (a) My ma probeer die brood met 'n broodmes sny.
   Sy kan nie (met dit) sny nie.
   (b) Hou jy van roomys?
   Ja, ek hou baie (van dit).
   (c) Hier is 'n kussing (cushion). Sit (op dit).
   (d) (Van wat) word die brood gemaak?
   (e) (Aan wat) dink jy?

Begrip

Answer the following questions after having read the passage below. Consult a dictionary or the vocabulary list.

1 Which shop is advertising a sale?
2 Where is the shop situated?
3 When is the sale starting?
4 Is GST included in the sale price of the advertised furniture?
5 What, according to the advertisement, should you do to ensure that you obtain a bargain?

MORKEL SE UITVERKOPING

Ons jaarlikse groot someruitverkoping van meubels begin Maandag, 21 Januarie by ons tak in die middestad. Kom vroeg en maak seker dat u 'n winskopie kry. Kamerstelle se prys is met 20% verminder. U kan nou 'n moderne sitkamerstel en 'n hoëtroustel vir R. . . ., AVB uitgesluit, koop. Die prys van video's is drasties verminder.

Leesstuk

'n Insident in 'n winkel

Vroeg vanmôre het honderde vrouens na die spesiale uitverkoping van die populêre Unie-supermark gestroom en 'n lang tou gevorm. Mense wou kyk hoeveel winskopies hulle kon koop. Almal het mekaar van opwinding rondgestamp.

Skielik het 'n jong vrou in die tou ingedruk en toe was die gort gaar. Vrouens het begin gil en skree en stamp. Daar was chaos. Toe die deure oopgaan, het een massa mense vorentoe beweeg. Niemand kon hulle keer nie, selfs nie eers die bestuurder nie. Vrouens het oor toonbanke geklim en gegryp wat hulle wou hê. Die verkoopsdames het gillend weggehardloop.

Skielik het 'n skoot uit 'n rewolwer geknal. Iemand het die polisie ontbied. 'n Ou dame het flou geword. Die geskokte winskopiejagters het skielik bedaar. Die bestuurder het daarin geslaag om die opgewonde skare te kalmeer. Hy sal seker nie gou weer so 'n uitverkoping oorweeg nie.

spesiale	*special*
uitverkoping	*sale*
populêre	*popular*
gestroom	*streamed*
'n lang tou	*a long queue*
winskopies	*bargains*
opwinding	*excitement*
rondstamp	*push around*
skielik	*suddenly*
indruk	*squeeze in*
die gort was gaar	*the fat was in the fire*
keer	*stop*
selfs nie	*not even*
toonbank	*counter*
gryp	*grab*

gillend	*yelling*
weghardloop	*run away*
skielik	*suddenly*
skoot	*shot*
rewolwer	*revolver*
knal	*crack*
polisie	*police*
ontbied	*summon*
flou word	*faint*
slaag	*succeed*
winskopiejagters	*bargain hunters*
het bedaar	*calmed down*
opgewonde	*excited*
skare	*crowd*
kalmeer	*calm down*
oorweeg	*consider*

13 Wat maak ons vanaand?

The aim of this unit is to teach you to give your opinion on matters, to express likes and dislikes and to give reasons for your attitude. You will now also learn to construct *longer sentences and paragraphs by linking simple sentences.*

Koerantadvertensie

Lees die volgende program geadverteer in die koerantrubriek "Kuns en Vermaak". (Read the following programme advertised in the newspaper column "Art and Entertainment".)

Teater	Opera	Operette	Konsert	Bioskoop
Kleinteater Ek, Anna van Wyk (Pieter Fourie)	*Staatsteater* Aïda in Italiaans (Verdi)	*Breytenbach-teater* Die Vrolike Weduwee (Lehar)	*Aula* SAUK Simfonie-orkes Egmont Ouverture (Beethoven)	*Ster* Pope John Paul II met Michael Crompton
Arena Die Heks (Leipoldt)		*Die Masker* Die Sigeunerbaron (Strauss)	*Stadsaal* Die Towerfluit (Mozart)	*Kine 1* Amadeus
				Kine 2 Rocky
				Kine 3 Witness

'n Telefoonoproep

Die telefoon lui.

Alida Hallo! Alida hier.
Johan Hallo, skat, hoe gaan dit?
Alida Kan nie beter nie. En met jou?
Johan 'n Bietjie verveeld. Wil jy nie vanaand saam met my uitgaan nie?
Alida Waarheen?
Johan Miskien na 'n toneelopvoering?
Alida Wag, ek kyk gou in die koerant wat aan die gang is . . . Daar is twee opvoerings. In die Kleinteater *Ek, Anna van Wyk* en in die Arena, *Die Heks* van Leipoldt.
Johan Nee, tog asseblief nie. Daardie twee dramas is te swaar en te vervelig vir my. Ek soek iets ligters.
Alida Ag, man, jy is 'n Filistyn – jy het te min kultuur. Daar is twee ligter operettes wat jy goed ken. Miskien wil jy na een van hulle gaan: *Die Vrolike Weduwee* in die Breytenbachteater en die *Sigeunerbaron* in die Masker.
Johan Ja, daarin stel ek belang. Moet my net nie opera toe sleep nie!
Alida Toe maar, nie meer lank nie. As ons eers getroud is, sal jy saam met my móét gaan!
Johan Ek gaan vir die Sigeunerbaron plek bespreek. As daar nie meer plek is nie, gaan ons bioskoop toe. Ek weet egter nie wat wys nie.
Alida O, ek weet: *Pope John Paul II* en *Amadeus*. Ek wil altwee dolgraag sien.
Johan Ag, weer die "swaar" prente. Ek wil komedies sien, nie tragedies nie! Miskien gaan ons maar fliek.
Alida Tot later dan!

Wat maak ons vanaand?	*What are we doing tonight?*
koerantadvertensie	*newspaper advertisement*
opera	*opera*
operette	*operetta*
konsert	*concert*
Die Heks	*The Witch*
Staatsteater	*State Theatre*
Die Vrolike Weduwee	*The Merry Widow*

Die Masker	*The Mask*
stadsaal	*city hall*
Die Sigeuner Baron	*The Gypsy Baron*
SAUK (Suid-Afrikaanse Uitsaai-korporasie)	*SABC (South African Broadcasting Corporation)*
simfonie-orkes	*symphony orchestra*
Die Towerfluit	*The Magic Flute*
Die telefoon lui	*The telephone is ringing*
fliek	*go to the movies*
skat	*dear, darling, sweetheart*
verveeld	*bored*
uitgaan	*go out*
toneelopvoering	*play*
aan die gang	*on, showing*
opvoering(s)	*play(s)*
drama(s)	*drama(s)*
swaar	*heavy*
vervelig	*boring*
iets ligters	*something lighter*
Filistyn	*Philistine (uncultured person)*
kultuur	*culture*
belangstel	*take an interest*
komedie(s)	*comedy(ies)*
tragedie(s)	*tragedy(ies)*

Nog 'n foonoproep

Alida Hallo, o, dis jy, Johan.

Johan Ek het slegte nuus. Altwee operettes is vol bespreek. En ek het nie lus vir daardie flieks nie.

Alida Wat maak ons nou?

Johan Kom, ons gaan dans in die diskoteek sodat ek my frustrasies kan vergeet.

Alida Ag nee, *man. Ek het nie daarvoor lus nie.

Johan Waarvoor het jy dan lus?

Alida Kom, ons gaan liewer by Gert-hulle kaart speel.

Johan Nee, dan moet ek te veel dink en ek is te moeg.

Alida Ai, maar jy is moeilik vandag. Kom liewer na my toe – dit sal die lekkerste wees. Dan speel ek klavier en sing vir jou, of ons kan plate speel, radio luister of televisie kyk.

**man* Note the informal way of addressing friends and peers of both sexes.

Johan Ja, ek stem saam dit sal die lekkerste wees by jou alleen, skat. Tot siens tot netnou.

Alida Ek wag vir jou.

'n Vriendin word gebel	*A friend is phoned*
slegte nuus	*bad news*
altwee	*both*
vol bespreek	*fully booked*
ek het nie lus nie	*I don't feel like*
diskoteek	*disco*
sodat	*so that*
frustrasie(s)	*frustration(s)*
vergeet	*forget*
Ek het nie daarvoor lus nie.	*I don't feel like doing that.*
Waarvoor het jy dan lus?	*What would you rather do?*
liewer	*rather*
Gert-hulle	*Gert and someone/the others (usually husband and wife)*
kaart speel	*play cards*
te veel	*too much*
moeilik	*difficult*
plate	*records*
radio	*radio*
televisie	*television*
saamstem	*agree*
netnou	*in a moment, before long*

'n Vriendin word gebel

Katrien Hallo! O, dis jy Alida. Ek het lanklaas van jou gehoor.

Alida Ja, ek was baie besig met my huweliksuitset, maar nou wil ek 'n bietjie ontspan. Wat maak jy vanaand?

Katrien Ek is vry vanaand. Waarom vra jy? Is Johan nie by jou nie?

Alida Nee, hy het klas by die universiteit. Kan jy saam met my ballet toe kom? Ek het twee kaartjies vir Die Slapende Skone.

Katrien Dit sal heerlik wees. Ek is mal oor ballet. Maar ek het ongelukkig nie vervoer nie. My motor is by die motorhawe (garage).

Alida Toe maar, ek sal jou kom oplaai. Sien jou half ag.

Ek het lanklaas van jou gehoor	*I haven't heard from you for quite a while*
Huweliksuitset	*trousseau*
ontspan	*relax*
ballet	*ballet*
Die Slapende Skone	*Sleeping Beauty*
mal oor	*mad about*
vervoer	*transport*
motorhawe/garage	*garage*
toe maar	*don't worry*
oplaai	*give a lift, come to fetch*

Johan nooi sy vriend André

Die foon lui.

André Hallo! O, dis jy Johan. Ek het jou stem herken.

Johan Is jy alleen?

André Ja, my meisie is vanaand na 'n kombuistee.

Johan En myne is ballet toe. Kom ons gaan drink 'n bier. Ek is nie meer lus om te studeer nie.

André Top, ek is ook sat vir die boeke. Is daar nie 'n kabaret êrens nie?

Johan Ons kan na 'n nagklub gaan!

André 'n Uitstekende idee! Moenie vir my meisie sê nie, hoor.

Johan Jy is nog nie getroud nie, man! Ai, dis seker my laaste kans om 'n ontkleedans te sien! Oor 'n week trou ek en dan is die strop om my nek!

André Ek is nou by jou!

stem	*voice*
herken	*recognise*
meisie	*girlfriend*
kombuistee	*kitchen tea*
bier	*beer*

sat	*tired*
kabaret	*cabaret*
nagklub	*night club*
'n uitstekende idee!	*an excellent idea!*
laaste kans	*last chance*
ontkleedans	*strip tease*
oor 'n week	*in a week's time*
(idioom) **die strop is om my nek**	*(idiom) tied to the apron strings*

Notes

1 Voegwoorde (conjunctions):
U sal nou leer om sinne te verbind (link) met ander voegwoorde as **en** (and), **maar** (but) en **want** (because).

2 Woordorde (word order):
Kyk hoe die woordorde na 'n voegwoord verander. (Note the change in word order after a conjunction.)

3 *Normal word order* in simple sentences – the auxiliary (helping) verb precedes the past participle.

1 2	1 2
Ek **het gehoor**	Jy **het gebel**
het (auxiliary verb)	het (auxiliary verb)
gehoor (past participle)	gebel (past participle)

4 *Inverted word order* after **dat** (that)
Note the change in the positions of the past participle and the auxiliary verb. After a conjunction e.g. **dat** (that) the word order is inverted – the past participle precedes the auxiliary verb.

Example
Ek het gehoor **dat** jy **gebel** (2) het (1).

Waarom – why
Normal word order Ek kan verstaan. **(waarom)** Jy **is** (1) **verveeld** (2).

Inverted word order Ek kan verstaan **waarom** jy **verveeld** (2) **is** (1).

The two single sentences are linked by the conjunction "waarom". Note the change in word order.

Normal word order Johan **is** (1) **moeg** (2). Hy wil ontspan. **(omdat)**

2 1

Inverted **Omdat** Johan **moeg is,** wil hy ontspan.
Johan wil ontspan **omdat** hy **moeg is.**
Listen carefully, and you will become aware of this change in word order.

5 **Bywoorde** en woordorde. (*Adverbs* and word order.)
If a sentence starts with an adverb or adverbial phrase of, for instance, time, place or manner, the normal word order becomes inverted.

Examples

1 2

(a) Ek gaan **môreaand** dans.

2 1

Môreaand gaan ek dans.

1 2

(b) Hulle het **gisteraand** bioskoop toe gegaan.

2 1

Gisteraand het hulle bioskoop toe gegaan.

1 2

(c) Sy was **verlede jaar** in Amerika.

2 1

Verlede jaar was sy in Amerika.

1 2

(d) Die boeke is **hier.**

2 1

Hier is die boeke.

1 2

(e) Jan staan **daar.**

2 1

Daar staan Jan.

6 The relative pronoun **wat** (who, which, that) can also be used for linking sentences.

Voorbeeld/Example

Die man loop daar. (**wat**)
Die man het sy vrou verlaat.
Die man **wat** *daar loop, het sy vrou verlaat.*

Die studente oefen elke dag. (**wat**)

Die studente sal Afrikaans goed praat.
Die studente **wat** *elke dag oefen, sal Afrikaans goed praat.*

Note that Afrikaans always uses *wat* as a relative pronoun irrespective of whether the noun it refers to is a person, animal or thing.

7 Hoe om iemand se mening te vra: *How to ask for an opinion:*

Vrae

(a) Wat dink jy van sy gedigte?	*What do you think of his poems?*
(b) Wat is jou opinie oor die dekor?	*What is your opinion of the décor?*
(c) Hoe het jy oor Anton se vertolking van Chopin gevoel?	*How did you feel about Anton's interpretation of Chopin?*
(d) Hoe het jy van die yshokkiewedstryd gehou?	*How did you like the ice hockey match?*
(e) Wat sê jy van Martin en Sandra se toneelspel?	*What do you say about Martin's and Sandra's acting?*

8 Hoe om jou mening te gee: *How to give your opinion:*

Antwoorde op vrae in 7

(a) Ek dink hulle is baie **oorspronklik**.	*I find them very original.*
(b) Ek dink die dekor was regtig **skilderagtig**.	*I think the décor was really picturesque.*
(c) Ek dink hy het Chopin baie **sensitief** vertolk.	*I think he interpreted Chopin very sensitively.*
(d) Ek het gedink dit was **skitterend**.	*I found it brilliant.*

(e) Martin is 'n **gewone**, **gemiddelde** akteur, maar Sandra is 'n **uitstekende** aktrise.	*Martin is an ordinary, average actor, but Sandra is an excellent actress.*

EXERCISE 13

Reread the dialogues in this unit and answer the questions.

1 **Reg** of **verkeerd?** Gee die regte antwoord waar nodig.
(a) Daar is nog baie kaartjies vir die operettes beskikbaar.
(b) Johan wil nie gaan dans nie.
(c) Alida het lus vir dans.
(d) Johan wil nie gaan kaart speel nie.
(e) Altwee dink dit sal die lekkerste wees om alleen by mekaar te wees.

2 Kies die **regte woord:**
Ek is (a) . . . . dat ek julle (b) . . . . (c) . . . . nie kan (d) . . . . nie. Ek het (e) . . . . 'n ander (f) . . . . gemaak. Miskien kan ons later na julle (g) . . . . kyk.
Woorde: Kleurskyfies, vriendelike, afspraak, jammer, uitnodiging, reeds, aanvaar.

3 Match the proposals and reactions:

Voorstel (Proposal)	**Reaksie** (Reaction)
(a) Wat sê jy van 'n besoek aan die teater?	(i) *Ja, graag. Watter opera is aan die gang?*
(b) Kom vanaand saam met my na die disko.	(ii) *Ek sê altyd ja vir 'n bioskoopvertoning.*
(c) Sal ons opera toe gaan?	(iii) *Ja graag. Ek geniet 'n simfoniekonsert altyd.*
(d) Hoe lyk dit met 'n fliek vanaand? (What do you say about . . .)	(iv) *Ja graag. Jy dans baie lekker.*

(e) Sal jy saam met my simfoniekonsert toe gaan?	(v) *O, dit sal lekker wees. Ek was lanklaas in die teater.*
(f) Ek smeek (beg) jou, gaan asseblief saam rugby toe.	(vi) *Nee dankie. Ek hou nie van disko's nie.*
(g) Wil jy vanaand gaan dans?	(vii) *Nee, man. Jy weet ek is nie sportmal (mad about sport) nie.*

4 Voltooi die sin:

(a) Alida is Johan se
- (i) suster.
- (ii) vrou.
- (iii) sekretaresse.
- (iv) vriendin.

(b) Alida het Katrien genooi
- (i) om saam te gaan uiteet.
- (ii) om bioskoop toe te gaan.
- (iii) om na 'n ballet te gaan kyk.
- (iv) om opera toe te gaan.

(c) Johan wil die graagste
- (i) saam met Alida bioskoop toe gaan.
- (ii) saam met Alida na die Staatsteater gaan.
- (iii) by Alida gaan kuier.
- (iv) saam met Alida na die operette gaan kyk.

(d) Katrien het geen vervoer nie want
- (i) sy besit (does not possess) geen motor nie.
- (ii) die bus loop nie meer nie.
- (iii) haar motor word reggemaak.
- (iv) haar fiets (bicycle) is stukkend.

5 Kies die regte woord:

(a) Die telefoon . . . Dit is Johan wat . . .
(b) Hy sê die opvoering is . . .
(c) Alida . . . van 'n goeie rolprent.
(d) Johan . . . die operette.
(e) Johan wil graag uitgaan – hy is . . .

Woorde: weet, verveeld (bored), vervelig (boring), ken, bel, lui.

6 Beantwoord die volgende vrae:

Voorbeeld
Vraag: Het André geweet dis Johan wat bel?
Antwoord: Ja, hy het sy stem herken.

(a) *Vraag:* Waarom is André se meisie nie by hom nie?
Antwoord: Sy is by 'n . . .
(b) *Vraag:* Waarom wil Johan 'n bier gaan drink?
Antwoord: Hy is nie meer lus . . .
(c) *Vraag:* Wanneer gaan Johan trou?
Antwoord: Hy trou . . .

7 Verander die woordorde deur met die woord tussen hakies te begin. Onthou die posisie van die werkwoord direk na die bywoord, of bywoordelike bepaling.

Voorbeeld
Ek gaan (nou) slaap.
Nou gaan ek slaap.
(a) Sy sal môre gaan werk.
Môre . . .
(b) My neef het (gister) vertrek.
Gister . . .
(c) Jou klere is (hier).
Hier . . .
(d) My broer gaan (aanstaande jaar) Londen toe.
Aanstaande jaar . . .
(e) Sy was hier 'n rukkie gelede.
'n Rukkie gelede . . .

Begrip

Consult a dictionary or the vocabulary list.

1 At what time of the year do families generally reunite?
2 What is typical of South African families of all nationalities?
3 Name two events that generally bring families together.
4 Name an outdoor activity that tends to keep families together.
5 Where do older children generally find their recreation?

Kommentaar oor die gesinslewe in Suid-Afrika. (Comment on family life in South Africa.)

Suid-Afrikaners van alle nasionaliteite respekteer die gesinslewe. Waar moontlik herenig families tydens die Kersgety. Verjaarsdae, huwelike, herdenkings, doopgeleenthede en begrafnisse bring families dikwels bymekaar.

Godsdienstige gesinne woon eredienste saam by. Die televisie speel ook 'n groot rol om gesinne saans tuis te hou. Sportiewe gesinne gaan saam visvang of swem.

Baie gesinne hou saam piekniek of gaan met hul woonwaens kampeer. Dan speel baie ouers kaartspeletjies saam met hulle kinders of sandspeletjies op die strand.

Baie ouers vertel slaapstories van dwergies, feetjies, towenaars en hekse aan hulle klein kindertjies. Die groter kinders soek hulle eie vermaak by partytjies, disko's, bioskope en klubs.

14 Die poskantoor

The aim of this unit is to teach you to express yourself politely and with confidence in public institutions such as the post office. You will also learn to make telephone calls, to word telegrams and to give instructions in Afrikaans.

By die poskantoor se toonbank

Mnr. Brown het 'n paar navrae.

Brown Goeiemôre, Meneer. Hoeveel is die posgeld op 'n brief na Londen.

Beampte Jy plak 'n . . .-sentseël op 'n lugposbrief na Engeland.

Brown Gee my asseblief twee . . . sent seëls, vier poskaarte en een briefkaart . . . Dankie. Verseker asseblief hierdie pakket.

Beampte Hoeveel is die waarde?

Brown R50.

Beampte Sal u asseblief hierdie vorm invul? . . . U moet hier teken.

Brown Registreer hierdie brief asseblief, Meneer.

Beampte Dit sal . . . sent wees. Hier is u bewys.

Brown Waar kan ek my radio- en televisielisensies betaal?

Beampte By toonbank nommer 5 asseblief.

Brown . . . Kan ek my telefoonrekening ook daar betaal?

Beampte Nee, net langsaan by 6.

Brown Baie dankie.

poskantoor	*post office*
navraag (pl. **navrae**)	*enquiry (enquiries)*
brief	*letter*
posgeld	*postage*
lugpos	*airmail*
posseëls/seëls	*postage stamps, stamps*
poskaarte	*post cards*
briefkaart	*letter card*

verseker	*insure*
pakket	*parcel*
waarde	*value*
invul	*complete*
registreer	*register*
bewys	*receipt*
radio- en televisielisensies	*radio and television licences*
telefoonrekening	*telephone account*
net langsaan	*just next door*

Poskantoordienste

Michael Brown, mnr. Brown se tienjarige seuntjie, vra die volgende vrae aan sy pa.

Michael Pa, kan ek my geld by die poskantoor spaar?

Brown Ja, jy vra net 'n spaarbankboekie by die toonbank en vul die vorms in. Dan kan jy jou spaargeld deponeer. Jy gebruik hierdie wit vorm. Jy kan natuurlik ook nasionale spaarbanksertifikate koop.

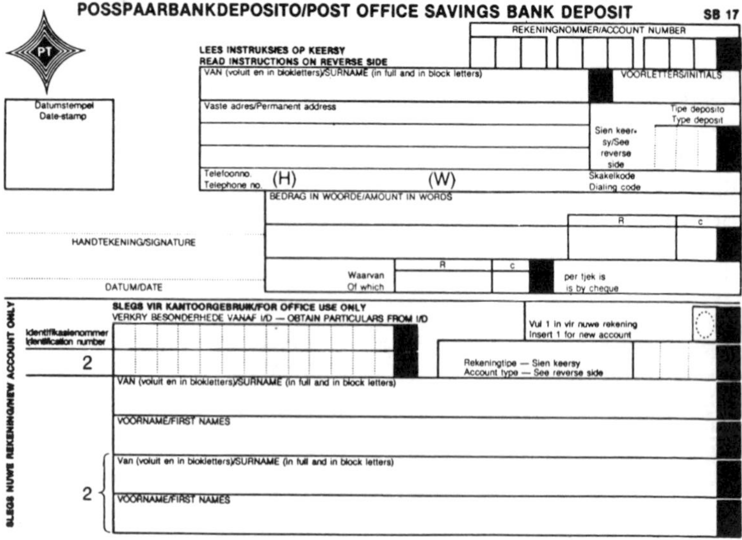

POSSPAARBANKDEPOSITO/POST OFFICE SAVINGS BANK DEPOSIT SB 17

PT

REKENINGNOMMER/ACCOUNT NUMBER

LEES INSTRUKSIES OP KEERSY
READ INSTRUCTIONS ON REVERSE SIDE

VAN (voluit en in blokletters)/SURNAME (in full and in block letters)

VOORLETTERS/INITIALS

Datumstempel
Date-stamp

Vaste adres/Permanent address

Tipe deposito
Type deposit

Sien keersy/See reverse side

Telefoonno.
Telephone no. (H) (W)

Skakelkode
Dialing code

BEDRAG IN WOORDE/AMOUNT IN WORDS

R c

HANDTEKENING/SIGNATURE

DATUM/DATE

Waarvan
Of which

R c

per tjek is
is by cheque

SLEGS NUWE REKENING/NEW ACCOUNT ONLY

SLEGS VIR KANTOORGEBRUIK/FOR OFFICE USE ONLY
VERKRY BESONDERHEDE VANAF I/D — OBTAIN PARTICULARS FROM I/D

Vul 1 in vir nuwe rekening
Insert 1 for new account

Identifikasienommer
Identification number

2

Rekeningtipe — Sien keersy
Account type — See reverse side

VAN (voluit en in blokletters)/SURNAME (in full and in block letters)

VOORNAME/FIRST NAMES

2

Van (voluit en in blokletters)/SURNAME (in full and in block letters)

VOORNAME/FIRST NAMES

Michael Hoe kan ek weer geld uit my boekie trek?
Brown Vul 'n groen opvragingvorm in. So lyk dit.

SPAARBANKOPVRAGING / SAVINGS BANK WITHDRAWAL

REKENINGNOMMER
ACCOUNT NUMBER

VAN (voluit en in blokletters)/SURNAME (in full and in block letters)

SIEN KEERSY — SEE OVERLEAF

Volle voorname
Full first names ....

Vaste adres
Fixed address ....

Telefoonnr.
Telephone No. .... skakelkode
dialling code ....

Betaal aan my by die
Pay to me at the ....

Poskantoor die bedrag van
Post Office the sum of R

(as die rekening gesluit moet word, meld die saldo in die spaarboekie / If the account is to be closed, state the balance in the savings book)

Merk met 'n X: as die rekening gesluit moet word
Mark with an X: If the account is to be closed

as 'n tjek verlang word
if a cheque is required

Tjek moet getrek word ten gunste van
Cheque to be drawn in favour of ....

DOKUMENTÊRE BEWYS VAN IDENTITEIT MOET TYDENS UITBETALING GETOON WORD.
DOCUMENTARY PROOF OF IDENTITY MUST BE PRODUCED AT THE TIME OF PAYMENT.

HANDTEKENING(E)/SIGNATURE(S)

DATUM / DATE ....

B.P.P. (Q600261-84-4 000 000)

AMPTELIK/OFFICIAL

Tipe/Type

BEDRAG IN WOORDE
AMOUNT IN WORDS

C R

IDENTITEITSNOMMER/IDENTITY NUMBER

Magtigingsnommer
Authority Number

DATUMSTEMPEL
DATE-STAMP

BEDRAG HIERBO ONTVANG
ABOVE AMOUNT RECEIVED

HANDTEKENING(E)/SIGNATURE(S)

DATUM / DATE SB57

AMPTELIK/OFFICIAL
IDENTIFIKASIE VOORGELê: GEVERIFIEER DEUR
IDENTIFICATION PRODUCED: VERIFIED BY ....

Michael Pa, wat beteken *poste restante*?
Brown Jy kan jou pos na 'n poskantoor laat stuur as jy nie 'n vaste adres het nie. Dit bly daar totdat jy dit gaan vra.
Michael Nog iets. Hoe kan ek geld wegstuur?
Brown Gebruik 'n posorder of 'n poswissel.
Michael Watter vorm moet ek gebruik as ek 'n pakket wil stuur?
Brown Dan gebruik jy hierdie een . . .

(Voorbeeld van hierdie vorm verskyn op bl. 126.)

. . . As jy 'n pakket wil verseker, vul jy hierdie vorm in.

(Voorbeeld van hierdie vorm verskyn op bl. 127.)

Michael Nog een vragie. Wat beteken KBA?
Brown Jy is darem baie nuuskierig vandag, Michael. Dit beteken "kontant by aflewering".

(1) Pakkette moet by die toonbank ingelewer word.

(2) Die naam en adres van die afsender en van die geadresseerde moet ook op die pakket voorkom.

(1) Parcels must be handed in at the counter.

(2) The name and address of the sender and of the addressee must also appear on the parcel.

PAKKETPOS PARCEL POST

Kantoor van herkoms Office of origin	Afleweringsno. Delivery No.

Aan: ....

To: ....

....

....

Inhoud:
Contents:

Van:
From: ....

....

....

....

P1/129

VOORKOM BESKADIGING DEUR STEWIGE VERPAKKING
PACK PARCELS SECURELY AND PREVENT DAMAGE

INLEWERINGSBEWYS—ACKNOWLEDGEMENT OF POSTING
(Moet deur afsender ingevul word—Must be completed by sender)

Geadresseer aan:
Addressed to: ....

....

....

....

Inhoud/Contents: ....

Waarde/Value ....

Moenie kleefband oor hierdie gedeelte gebruik nie.

Do not use adhesive tape over this section.

VOORKOM BESKADIGING DEUR STEWIGE VERPAKKING
REPUBLIEK VAN SUID-AFRIKA—REPUBLIC OF SOUTH AFRICA

VERSEKERDE PAKKET—INSURED PARCEL

Gepos by .... No...........
Posted at

Aan ....
To

....

....

....

....

Inhoud ....
Contents

Totale waarde ....
Total value

Versekerde waarde ....
Insured value

VERKLARING.—Ek verklaar dat die pakket werklik die inhoud en waarde het soos hierbo aangedui word en neem daarvan kennis dat geen vergoeding betaal word ten opsigte van skade aan pakkette wat vloeistowwe of breekbare of bederfbare artikels bevat nie of wat behoorlik afgelewer en sonder voorbehoud aangeneem is nie.
DECLARATION.—*I certify that the contents and value of this parcel are as indicated above and note that compensation is not payable in respect of damage to parcels containing liquids or perishable or fragile articles or in respect of a parcel duly delivered and accepted without reserve.*

Handtekening van afsender ....
Signature of sender
Naam en adres van afsender:
Name and address of sender:

....

....

....

....

PACK PARCELS SECURELY AND PREVENT DAMAGE

(42692 - 84 - 13 600 000) A.P.,C.T. P.1/128

Michael Dankie, Pa. Nou is ek nie meer so dom nie. Amper net so slim soos Pa!
Brown Ek is trots op jou. Vra maar weer.

tienjarige	*ten year old*
poskantoordienste	*post office services*
spaar	*save*
spaarbankboekie	*savings bank book*

spaargeld	*savings*
deponeer	*deposit*
natuurlik	*naturally*
nasionale spaarbanksertifikate	*national savings certificates*
trek	*withdraw*
opvraging	*withdrawal*
poste restante	*poste restante*
vaste (permanente) adres	*permanent address*
bly	*remain*
nog iets	*something else*
posorder	*postal order*
poswissel	*money order*
KBA (kontant by aflewering)	*COD (cash on delivery)*
nuuskierig	*curious, inquisitive*
amper	*nearly, almost*
slim	*clever*
trots op	*proud of*

Hoe om 'n telegram te stuur

Michael Goeiemôre, Meneer. Ek wil graag 'n telegram stuur.
Beampte Het jy 'n vorm ingevul?
Michael Nee, nog nie. Waar is die vorms, Meneer?
Beampte Net agter jou op die muurrakkie. Die binnelandse vorm is wit; die internasionale een blou. Gebruik blokletters soos aangedui. Onthou om jou naam te teken en jou adres onderaan die vorm te skryf.
Michael Hoeveel moet ek per woord betaal?
Beampte Die tarief is . . . c per woord en R. . . vir aflewering.
Michael Ek wil die telegram "antwoord betaal" stuur, asseblief.
Beampte Dit sal R. . . kos.
Michael Baie dankie, Meneer.
Beampte Nie te danke. Tot siens.
Michael Tot siens, Meneer.

nog nie	*not yet*
muurrakkie	*shelf on wall*
binnelandse	*inland*
internasionale	*international*
soos aangedui	*as indicated*
onthou	*remember*

blokletters	*block letters*
onderaan	*below*
per woord	*per word*
antwoord betaal	*reply paid*

INTERNATIONAL TELEGRAM
INTERNASIONALE TELEGRAM

AMOUNT/BEDRAG.......................... No..........................

ZCZC
Account/Rekening no.

Assessed / Aangeslaan | Checked / Gekon-troleer | Entered on a/c / Op rek. Ingeskryf | Checked / Gekon-troleer

Destination indicator / Bestemmingsaanwyser | Rate code / Tariefkode | Origin / Herkoms: SA | Words / Woorde | Country code / Landkode | Spl. | Sce. code / Dienskode | Charges, inclusive of ledger fee / Koste, met inbegrip van grootboekkoste

Sent / Oorgesend

Class / Klas | Office of origin/Kantoor van herkoms | Words / Woorde | Date / Datum | Code time / Kodetyd | Service instructions: / Diensinstruksies:

TO / AAN | Rate / Tarief | BLOCK LETTERS/BLOKLETTERS

FROM
VAN

Not to be telegraphed. Moet nie getelegrafeer word nie.

Signature of sender
Handtekening van afsender..........................
Initials and surname in block letters
Voorletters en van in blokletters..........................

Address
Adres..........................
Telephone number (if any)
Telefoonnommer (as daar is)..........................

NB—The Department is not liable for losses incurred through incorrect transmission, delay or non-delivery of telegrams. Indistinct handwriting can cause delays and incorrect transmission.

L.W.—Die Departement is nie aanspreeklik vir verliese weens die onjuiste oorsending, vertraging of nie-aflewering van telegramme nie. Onduidelike skrif kan vertraging en onjuiste oorsending veroorsaak.

(53085-85-1 800 000) R.P.W.

T28

PT

BINNELANDSE TELEGRAM
INLAND TELEGRAM

BEDRAG/AMOUNT ____________ No. ____________

Rekeningno./Account no. | Woorde / Words | Landkode / Cntry.cde. | Sp | Dienskode / Srvce.cde. | Bedrag/Cost | Aangeslaan / Assessed | Gekontroleer / Checked | Ingeskryf / Entered

Klas / Class | Kantoor van herkoms/Office of origin | Woorde / Words | Datum / Date | Tyd / Time | Diensinstruksies / Service Instructions

Oorgesent / Sent

AAN / TO | Tarief / Rate | BLOKLETTERS / BLOCK LETTERS

VAN
FROM

Moenie oorgesend word nie. Not to be transmitted.

Handtekening van afsender
Signature of sender ____________
Voorletters en van in blokletters
Initials and surname in block letters ____________

Adres
Address ____________
Telefoonnommer (as daar is)
Telephone number (if any) ____________

LW — Die Departement is nie vir verliese weens die onjuiste oorsending, vertraging of nie-aflewering van telegramme aanspreeklik nie. Onduidelike skrif kan vertraging en onjuiste oorsending veroorsaak.

NB—The Departments is not liable for losses owing to incorrect transmission, delay or non-delivery of telegrams. Indistinct writing can cause delays and incorrect transmission.

R.P.P. (Pty.) Ltd. — 42115—84 [illegible]

T 20

Telegramboodskappe

To meet someone

ONTMOET MY SATERDAG 13h00 PRETORIASTASIE ASB
PLEASE MEET ME PRETORIA STATION SATURDAY 13h00
MICHAEL

Reply

JAMMER KAN NIE KOM   OUMA SIEK   NEEM BUS
SORRY CANNOT COME   GRAN ILL   TAKE BUS
OUPA

Geboortekennisgewing

WELGESKAPE SEUN GISTER   ALBEI WEL
HEALTHY SON YESTERDAY   BOTH WELL

Verjaarsdagwens

HARTLIK GELUK MET VERJAARSDAG   GOD SEËN JOU
MANY HAPPY RETURNS   GOD BLESS YOU

Begrafniskennisgewing

VOORSITTER SKIELIK OORLEDE   BEGRAFNIS VRYDAG
CHAIRMAN SUDDENLY PASSED AWAY   FUNERAL
FRIDAY

Meegevoel

INNIGE MEEGEVOEL MET VERLIES
DEEPEST SYMPATHY WITH LOSS

Student vra sakgeld

PLATSAK STUUR GELD DRINGEND
PENNILESS SEND POCKET-MONEY URGENT

Eksamenuitslag

ALLE VAKKE GESLAAG
PASSED ALL SUBJECTS

Kennis van aankoms

ARRIVEER SONDAG VLUG SA 593
ARRIVING SUNDAY FLIGHT SA 593

Publieke telefoon

HOE OM 'N OPROEP TE MAAK

PLAASLIKE, HOOFLYN- EN OORSESE OPROEPE WAT DIREK GESKAKEL KAN WORD

HOW TO MAKE A CALL

LOCAL, TRUNK AND OVERSEAS CALLS THAT CAN BE DIALLED DIRECT

1. Lig handstuk van mik af en wag op skakeltoon.

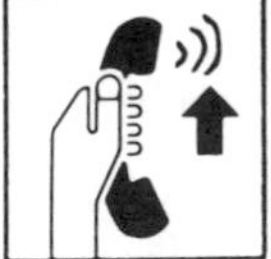

1. Lift handset from cradle and wait for dial tone.

2. Wanneer pyltjie flikker, sit geldstuk(ke) in munt=gleuf. (Dit flikker totdat minimum bedrag ingesit is.)

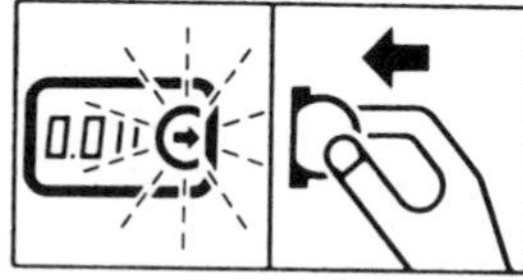

2. When arrow flashes insert coin(s) in coin slot. (It flashes until minimum amount has been inserted.)

3. Druk knoppie onder mik en wag weer op skakeltoon.

3. Press button below cradle and wait again for dial tone.

Skakel verlangde nommer. As u 'n nommer wat u verkeerd geskakel het, wil kanselleer of nog 'n oproep wil maak, druk knoppie onder mik sonder om handstuk terug te plaas.

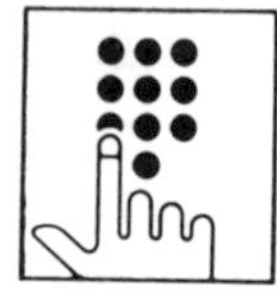

Dial required number. If you want to cancel a number you have dialled incorrectly or want to make another call, press button below cradle without replacing handset.

4. Voer die gesprek. Sit nog geld in as die pyltjie tydens gesprek flikker of wanneer u die betaaltoon (biep. . . biep. . .) hoor.

4. Conduct the conversation. Insert more money if arrow flashes during conversation or when you hear paytone (beep. . . beep. . .).

5. Plaas handstuk terug en haal ongebruikte munt(e), indien enige, uit bakkie. Slegs ongebruikte munt(e), en nie kleingeld nie, sal terugbesorg word.

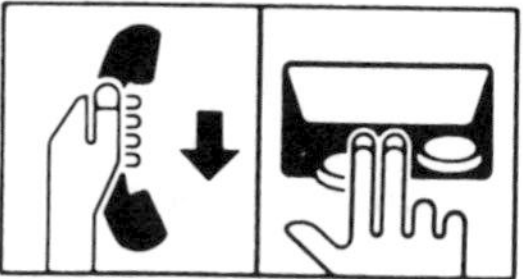

5. Replace handset and remove unused coin(s), if any, from tray. Only unused coin(s), not change, will be returned.

P.T. 610—1986-87

HOOFLYN- EN OORSESE OPROEPE WAT NIE DIREK GESKAKEL KAN WORD NIE

1. Lig handstuk van mik af en wag op skakeltoon.
2. Skakel 0020 (Hooflynoproepbesprekings) of 0900 (Oorsese-oproep-besprekings) en wag op instruksies van telefonis.
3. Druk die 0 op die drukknopplaat 3 keer namekaar op versoek van die telefonis en sit daarna die verlangde bedrag in die muntgleuf.

TRUNK AND OVERSEAS CALLS THAT CANNOT BE DIALLED DIRECT

1. Lift handset from cradle and wait for dial tone.
2. Dial 0020 (Trunk-Call Bookings) or 0900 (Overseas-Call Bookings) and wait for instructions from telephonist.
3. Press the 0 on the pushbutton plate 3 times in succession at the request of the telephonist and then insert the required amount in the coin slot.

NOODDIENSTE		**EMERGENCY SERVICES**	
Ambulans		Ambulance	
Brandweer....................		Fire Brigade....................	
Polisie....................		Police	
Probleme met 'n nood=oproep....................	1022§	Difficulties with an emergency call....................	1022§

SPESIALE DIENSTE		**SPECIAL SERVICES**	
GIDSINLIGTING:	SKAKEL	DIRECTORY INFORMATION:	DIAL
(a) Plaaslike nommers..........	1023§	(a) Local numbers..........	1023§
(b) Ander gebiede..........	1025§	(b) Other areas	1025§
DIENSMOEILIKHEDE		SERVICE DIFFICULTIES	
(a) Plaaslike oproepe..........	1024§	(a) Local calls	1024§
(b) Hooflynoproepe..........	1025§	(b) Trunk calls..........	1025§
(c) Oorsese oproepe..........	0903§	(c) Overseas calls..........	0903§
HOOFLYNOPROEPNAVRAE	1025§	TRUNK-CALL ENQUIRIES....	1025§
INTERNASIONALE NAVRAE	0903§	INTERNATIONAL ENQUIRIES	0903§
FONOGRAMME..........	1028	PHONOGRAMS..........	1028

§ Oproepe na hierdie nommers is gratis.

§ Calls to these numbers are free.

TE 429 (A/G)

Alledaagse uitdrukkings

Mag ek u telefoon gebruik?	*May I use your telephone?*
Gee u om as ek my vrou bel?	*Do you mind if I ring my wife?*
Kan ek asseblief met die bestuurder praat?	*May I please speak to the manager?*
Praat asseblief harder, ek kan u skaars hoor.	*Please speak up, I can hardly hear you.*
Met wie praat ek?	*Who's speaking?*
Jammer. Verkeerde nommer.	*Sorry. Wrong number.*
Sal u asseblief 'n boodskap neem?	*Will you please take a message?*
Wil u 'n boodskap laat?	*Would you like to leave a message?*
Kan ek 'n boodskap neem?	*May I take a message?*
Vra mnr. Swart om my asseblief te skakel.	*Please ask Mr Swart to give me a ring.*
Gee u om om oor tien minute weer te skakel?	*Do you mind phoning in ten minutes' time?*

Net 'n oomblik asseblief.	*Just a minute, please.*
Bly asseblief in verbinding/bly aan asseblief.	*Hang on please. Hold the line, please.*
Skakel my asseblief deur na die bestuurder.	*Please put me through to the manager.*
U gaan deur.	*You're going through.*
Ek sal u later skakel.	*I'll call you later.*
Is dit die sentrale?	*Is that the exchange?*
Druk dié knoppie.	*Press this button.*
Gooi vyf 20-sentmuntstukke in asseblief.	*Please insert five 20c coins.*
Ons is afgesny.	*We have been cut off.*
Herhaal asseblief.	*Please repeat that.*
Die telefoon is buite werking.	*The telephone is out of order.*
Beset.	*Engaged.*
Wag vir die skakeltoon.	*Wait for the dialling tone.*
Die bestuurder is nie op die oomblik hier nie.	*The manager is not in at the moment.*
Marie, die oproep is vir jou.	*Marie, the call is for you.*

'n Oproep na die hospitaal

Brand Hallo!
Telefonis Groote Schuurhospitaal.
Brand Kan ek met matrone Marais praat, asseblief?
Telefonis Praat duideliker, asseblief. Ek kan u nie hoor nie.
Brand Matrone Marais, in verband met pasiënt Swart – Saal A6 asseblief.
Telefonis Bly asseblief in verbinding . . . . U gaan nou deur.
Brand Goeiemôre, Matrone. Brand hier. Hoe gaan dit met my kollega, Swart?
Matrone Onveranderd, mnr Brand.
Brand Mag ek hom besoek?
Matrone Ongelukkig nie. Hy is in die waakeenheid.
Brand Baie dankie, Matrone. Dra my groete oor. Baie dankie vir u vriendelikheid. Tot siens.
Matrone Nie te danke. Tot siens. Ek sal hom sê u stuur groete.

telefonis	*telephonist, telephone operator*
matrone	*matron*
duideliker	*clearer, more clearly*
in verband met	*in connection with*
pasiënt	*patient*
onveranderd	*unchanged*
waakeenheid	*intensive care unit*
vriendelikheid	*kindness*
groete	*regards, greetings*

Notes

1 Demonstrative pronouns:

hierdie	this, these
daardie	that, those
dié (with emphasis)	this

Note that the same word is used for both singular and plural.

2 More about conjunctions:
The main function of conjunctions is to join separate sentences. In Afrikaans the conjunctions play an important part in determining the order of words in a sentence.
Afrikaans conjunctions fall into three main groups:
(a) The normal word order (1 subject; 2 predicate) follows the conjunction.

en Ek (1) stuur (2) 'n telegram

[en]

jy (1) telefoneer (2) jou moeder.

maar Jy (1) koop (2) seëls

[maar]

ek (1) koop (2) poskaarte.

want Michael[1] vra[2] vrae

want

hy[1] is[2] nuuskierig.

of (or) *Jy*[1] *pos*[2] nou die brief

of

ek[1] *doen*[2] dit self.

(b) In sentences introduced by conjunctions of this kind the verb or auxiliary (helping verb) immediately follows the conjunction.

A few examples
dus *(thus)*
If you join the following two simple sentences with *dus* the word order of the second sentence will change:

(i) Simple sentence *Jy*[1] *het*[2] geld.

(ii) Simple sentence *Jy*[1] *koop*[2] alles.

(iii) Joined sentence *Jy*[1] *het*[2] geld

dus

koop[2] *jy*[1] alles.

daarom *(therefore)*

(i) Simple sentence *U*[1] *is*[2] laat.

(ii) Simple sentence *Ek*[1] *kan*[2] u nie help nie.

(iii) Joined sentence *U*[1] *is*[2] laat

daarom

kan[2] *ek*[1] u nie help nie.

Note the position of the auxiliary *kan*.

anders *(otherwise)*

(i) Simple sentence — *Jy*[1] *betaal*[2] dadelik.

(ii) Simple sentence — *Ek*[1] *sê*[2] jou baas.

(iii) Joined sentence — *Jy*[1] *betaal*[2] dadelik

anders

sê[2] *ek*[1] jou baas.

Note that if we had used the conjunction *of* (or) the word order in the second sentence would not have changed:

Jy[1] *betaal*[2] dadelik *of* *ek*[1] *sê*[2] jou baas.

Listen carefully to Afrikaans speakers until your word order comes naturally.

(c) In sentences introduced by a conjunction of this kind, the whole predicate is placed at the end of the sentence.

omdat *(because)*

(i) Simple sentence — *Jy*[1] *kan*[2] nie geld trek nie.

(ii) Simple sentence — *Jy*[1] *is*[2] te laat.

(iii) Joined sentence — Jy kan nie geld trek nie

omdat

jy *te laat* is.

(Note that if we had used the conjunction *want* also meaning because, the word order would not have been influenced.

Jy kan nie geld trek nie

want

jy is te laat.

sodat *(in order that, so that)*

(i) Simple sentence	Michael vra 'n spaarbankboekie.
(ii) Simple sentence	Hy kan self sy geld spaar.
(iii) Joined sentence	Michael vra 'n spaarbankboekie sodat hy self sy geld *kan spaar*

voordat *(before)*

(i) Simple sentence	'n Mens plaas die muntstuk in die gleuf.
(ii) Simple sentence	Jy skakel die nommers.
(iii) Joined sentence	'n Mens plaas die muntstuk in die gleuf voordat jy die nommers skakel.

totdat *(until)*

(i) Simple sentence	Jy moet wag.
(ii) Simple sentence	Jy hoor die skakeltoon.
(iii) Joined sentence	Jy moet wag totdat jy die skakeltoon hoor.

terwyl *(while)*

(i) Simple sentence	Ek skryf 'n brief.
(ii) Simple sentence	Jy lees 'n boek.
(iii) Joined sentence	Ek skryf 'n brief terwyl jy 'n boek lees.

as *(when)*

(i) Simple sentence	Die telefoon lui.
(ii) Simple sentence	Jy skakel die nommers.
(iii) Joined sentence	Die telefoon lui as jy die nommers skakel.

Note the change in the word order if you start the sentence with the conjunction *as* (if).

As jy die nommers *skakel, lui* die telefoon.

As jy 'n oproep by die telefoonhokkie *maak, moet* jy die regte muntstuk *ingooi*.

As u klaar *is, moet* u die gehoorstuk weer ophang.

3 Instructions:

Positive imperative

Example
Skakel die bestuurder! (Imp.)
Phone the manager! (Imp.)

Negative instruction
If the instruction is in the negative the word *moenie* (don't) is used plus a second *nie* at the end of the sentence.

Example

Moenie die bestuurder skakel nie.
Don't phone the manager.

Positive instruction	*Negative instruction*
(a) Wag 'n bietjie.	(a) Moenie die brief pos nie.
(b) Skryf 'n brief.	(b) Moenie 'n telegram stuur nie.
(c) Teken hier.	(c) Moenie daar teken nie.

EXERCISE 14

1 What would you do if the following instructions were given? (Match the letters to the numbers.)

Numbers	*Letters*
(a) Teken asseblief onderaan die vorm.	(i) *You would use capital letters only.*
(b) Gebruik die opvragingvorm as u geld by die spaarbank wil trek.	(ii) *You would complete the deposit form.*
(c) Hierdie toonbank sluit nou. Gaan na die een langsaan.	(iii) *You would send the parcel COD.*
(d) Vul asseblief die pakketposvorm in.	(iv) *You would sign at the bottom of the form.*
(e) Betaal u telefoonrekening by die volgende toonbank.	(v) *You would use the withdrawal form.*
(f) Stuur die pakket KBA.	(vi) *You would go to the next counter.*
(g) Gebruik net blokletters.	(vii) *You would complete the parcel post form.*
(h) Vul die depositovorm in, asseblief.	(viii) *You would pay your telephone account at the next counter.*

2 Join the following sentences with the words in brackets. Concentrate on the right word order after the conjunction.

Voorbeeld

(terwyl) Jy pos die brief. Ek skakel my broer.

Jy pos die brief terwyl ek my broer skakel.

(*a*) **(totdat)** Ek sal wag. Jy is gereed.
Ek sal wag totdat . . .

(*b*) **(omdat)** Jy skakel jou pa. Jy wil geld hê.
Jy skakel jou pa omdat . . .

(*c*) **(voordat)** Jy moet jou rekening betaal. Jy koop weer iets.
Jy moet jou rekening (account) betaal voordat jy weer . . .

(*d*) **(anders)** Jy moet jou rekening betaal. Ons *sny* jou telefoon *af*. (cut off)
Jy moet jou rekening betaal anders . . .

(*e*) **(want)** Ek bel van die telefoonhokkie af. My telefoon is buite werking.
Ek bel van die telefoonhokkie af want . . .

(*f*) **(en)** Michael neem 'n vorm. Hy skryf 'n telegram.
Michael neem 'n vorm en . . .

(*g*) **(daarom)** Dis Sondae goedkoper. U moet Sondae skakel.
Dis Sondae goedkoper daarom . . .

(*h*) **(maar)** Jy wil Durban toe skakel. Jy het nie genoeg muntstukke nie.
Jy wil Durban toe skakel, maar . . .

(*i*) **(of)** Jy moet jou televisielisensie voor einde (end) Okto-betaal. Jy kry 'n boete.
Jy betaal jou televisielisensie voor einde (end) Oktober of . . .

3 Verbind die volgende sinne met die voegwoord **as** (if). Begin elke keer met **as** voor die eerste sin.

Voorbeeld

Jy het genoeg muntstukke. Jy kan bel.
As jy genoeg muntstukke het, kan jy bel.

(*a*) Jy plak 'n seël op 'n brief. Jy kan die brief gaan pos.
As jy 'n seël op 'n brief plak, . . .

(*b*) Jy gooi 'n muntstuk in die gleuf. Jy kan bel.
As jy 'n muntstuk in die gleuf gooi . . .

(c) Jy is klaar. Jy moet die gehoorstuk ophang.
As jy klaar is, . . .

(d) Jy wil 'n telegram stuur. Jy moet 'n vorm invul.
As jy 'n telegram wil stuur, . . .

4 Skryf in die negatief.
Voorbeeld
Gebruik die blou vorm!
Moenie die blou vorm gebruik **nie!**

(a) Vra die beampte!
(b) Skakel jou vader dadelik!
(c) Plaas 'n 10-sentstuk in die gleuf!
(d) Gebruik blokletters!
(e) Gaan na die toonbank langsaan!

5 Find the most likely response for each of the following questions:

(a) Goeiemôre, Smit hier. Kan ek asseblief met mnr. Palm praat?
(b) Goeiemôre, Juffrou. Sal jy jou baas vra om my asseblief vanmiddag te skakel?
(c) Waar is jou baas heen?
(d) Is my kontrak met hom al geteken?
(e) Wanneer kom hy terug?

(i) Hy het nie gesê wanneer ek hom kan verwag nie.
(ii) Hy het nie gesê waarheen hy gaan nie.
(iii) Sover ek weet, nog nie.
(iv) Jammer, mnr. Palm is uitstedig. Wil u met sy sekretaresse praat?
(v) Ek sal hom nie vanmiddag sien nie, dis my vry middag.

Begrip

Consult a dictionary or the vocabulary list. (Raadpleeg 'n woordeboek of die woordeskatlys.)

Reg of verkeerd? (Gee die regte antwoord waar nodig.)
1 Karel se motor is nog stukkend.
2 Annie is altyd betyds.
3 Karel het R100 vir sy motor se reparasie (repairs) betaal.
4 Karel het 'n afspraak met Annie gemaak vir sewe-uur.
5 Karel sal hulle vriende oplaai as Marie nie weer laat is nie.

Karel maak 'n afspraak met Annie

Annie Hallo! Annie hier.
Karel Hallo, Annie. Hoe gaan dit met jou? Ek het jou lank-laas gesien. Kom jy vanaand saam met my?
Annie Dit gaan goed, maar waarheen moet ek saamgaan?
Karel Ek het lus vir lekker ontspanning. Kom, ons gaan dans.
Annie Wat moet ek aantrek?
Karel Trek jou rooi rok aan. Jy lyk pragtig daarin.
Annie Waarmee sal ons ry? Jou kar is mos stukkend.
Karel Nee, hy is lankal reg. Dit het my 'n klomp geld gekos.
Annie Hoe laat kom jy my haal?
Karel Agt-uur. Moenie weer laat wees soos gewoonlik nie. As jy laat is, gaan ek alleen.
Annie Die orkes is goed, nie waar nie!
Karel Ja, dis 'n baie lewendige orkes.
Annie Gaan Marie en Piet saam?
Karel Ja, as Marie betyds klaar is, gaan ons hulle oplaai.

15 Soek u werk?

The aim of this unit is to teach you how to advertise a post, how to apply for a post and how to accept or refuse a post.

Poste-advertensie

Mev. Brown bestudeer die poste-advertensies wat daagliks in die koerant verskyn. Sy vergelyk salarisskale, werkure en byvoordele. Die volgende advertensie in die *Pretoria News* van 11 Februarie 19__ trek haar aandag.

VAKATURE

ASSISTENT-SEKRETARESSE

BRINK EN SEUNS

(PROKUREURS)

'n Aantreklike pos vir 'n goed gekwalifiseerde ervare tweetalige sekretaresse. Oudio-tik 'n vereiste. Kennis van woordverwerking 'n aanbeveling.

Salaris:	Volgens ondervinding
Werkure:	5 dae per week van 08h00 tot 16h00
Byvoordele:	Pensioenskema
	Mediese hulpskema
Verlof:	30 dae per jaar

Skakel 28789 om 'n onderhoud te reël.
Meld twee verwysings.

Gegewensrekord

Mev. Brown stel haar gegewensrekord op in memorandumvorm. (Mrs Brown compiles her *curriculum vitae* in memorandum form.)

VAN	BROWN
NAAM	MARY-ANNE
ADRES	PARKSTRAAT 801, ARCADIA, PRETORIA
NASIONALITEIT	BRIT
GEBOORTEDATUM	5 MEI 1950
HUWELIKSTAAT	GETROUD
KINDERS	2
KWALIFIKASIES	SEKRETARIËLE DIPLOMA (Regsekretaresse) DIPLOMA REKENAARWETENSKAP SPESIALE KURSUS IN OUDIO-TIK EN WOORDVERWERKING
ONDERVINDING	6 jr. (3 jaar algemene kantoorwerk in Londen) (3 jaar in 'n prokureurskantoor in Johannesburg)
VERWYSINGS	1 MNR. A. VAN WYK POSBUS 345 LINDEN, JOHANNESBURG 2000 2 MEV. C. DE KLERK POSBUS 27 PRETORIA 0001

A job interview

Sekretaresse Goeiemôre. Brink en Seuns.

Mev. Brown Ek het u advertensie in die *Pretoria News* gelees en stel baie belang in die pos van assistent-sekretaresse. Kan u asseblief vir my 'n onderhoud reël?

Sekretaresse U naam?

Mev. Brown Mary-Anne Brown.

Sekretaresse	Kan u eerskomende Woensdag, 13 Februarie om 9 vm. hier wees?
Mev. Brown	Dit sal my pas.
Sekretaresse	Weet u waar ons kantore is?
Mev. Brown	Ja, dis nie ver van my huis af nie.
Sekretaresse	Goed. Dan sien ons u Woensdagoggend in mnr. Brink se kantoor. Tot siens, mev. Brown.
Mev. Brown	Tot siens en baie dankie.

Mary-Anne	Goeiemôre, Meneer.
Brink	Goeiemôre, mev. Brown. Lekker dag, nè?
Mary-Anne	Ja, dis heerlik sonnig.
Brink	Ek verstaan u stel baie belang in werk by 'n prokureursfirma.
Mary-Anne	Ja, ek is as regsekretaresse opgelei en het drie jaar by 'n prokureursfirma in Londen gewerk en later ook drie jaar by 'n prokureur in Johannesburg.
Brink	Ek hoor u praat Afrikaans goed. Waar het u geleer?
Mary-Anne	Ek het twee praktiese kursusse by die Tegniese Kollege in Johannesburg gevolg. My man is goed tweetalig en hy help my ook baie.
Brink	Ons kliënte is hoofsaaklik Afrikaanssprekend, hoewel ons ook baie Engelssprekendes het. Mevrou, ek sien u het 'n spesiale kursus in woordverwerking gevolg. Het u ook praktiese ervaring?
Mary-Anne	Ja, ek het die afgelope jaar net oudio-tik en woordverwerking hier in Johannesburg gedoen.
Brink	Het u enige vrae?
Mary-Anne	Ek wil graag weet of hierdie pos tydelik of permanent is.
Brink	Dis permanent en daar is ook 'n moontlikheid dat die suksesvolle kandidaat tot sekretaresse bevorder kan word.
Mary-Anne	Wat is die salarisskaal?
Brink	Met u kwalifikasies en ondervinding kan ons u R. . . . . per maand aanbied.
Mary-Anne	Dit klink goed.
Brink	Baie dankie dat u gekom het. Ons laat u spoedig weet of u aangestel is.

Mary-Anne Baie dankie vir die onderhoud. Tot siens, mnr. Brink.

Brink Tot siens, Mevrou.

Soek u werk?	*Are you looking for work?*
verskyn	*appear*
poste-advertensies	*job advertisements*
daagliks	*daily*
vergelyk	*compare*
salarisskaal	*salary scale*
werkure	*working hours*
byvoordele	*fringe benefits*
aandag	*attention*
vakature	*vacancy*
assistent-sekretaresse	*assistant secretary*
aantreklike	*attractive*
gekwalifiseerde	*qualified*
ervare	*experienced*
tweetalige	*bilingual*
oudio-tik	*audio-typing*
vereiste	*requirement*
kennis	*knowledge*
woordverwerking	*word processing*
aanbeveling	*recommendation*
ondervinding	*experience*
pensioenskema	*pension scheme*
mediese hulpskema	*medical aid scheme*
verlof	*leave*
meld	*state*
verwysings	*references*
gegewensrekord	*curriculum vitae*
sekretariële diploma	*secretarial diploma*
regsekretaresse	*legal secretary*
spesiale kursus	*special course*
eerskomende	*next, forthcoming*
sonnig	*sunny*
prokureursfirma	*firm of attorneys*
oplei	*train*
praktiese	*practical*
tegniese kollege	*technical college*
tweetalig	*bilingual*
kliënt(e)	*client(s)*
hoofsaaklik	*mainly*
ervaring	*experience*

afgelope	*past*
moontlikheid	*possibility*
bevorder	*promote*
spoedig	*soon*

’n Aanstellingsbrief

Brink en Seuns

Prokureurs
ABC-sentrum 7
Kerkstraat 134
PRETORIA 0002

17 Februarie 19

Mev. N. Brown
Parkstraat 801
Arcadia
Pretoria
0002

Geagte mev. Brown

AANSTELLING: ASSISTENT-SEKRETARESSE

U is by bogenoemde firma aangestel vanaf 1 Maart 19 teen 'n salaris van R per maand. Die bedrag wat u vir ons pensioenfonds en mediese skema moet betaal, sal R per maand wees. Indien u enige navrae het, skakel ons sekretaresse asseblief.

Vriendelike groete.

Die uwe

C. BRINK

Aanvaarding van aanstelling

Parkstraat 801
Arcadia
Pretoria
0002

18 Februarie 19...

Menere Brink en Seuns
ABC-Sentrum 7
Kerkstraat 134
Pretoria
0002

Geagte mnr. Brink

AANSTELLING: ASSISTENT - SEKRETARESSE

Ek erken ontvangs van u aanstellingsbrief en neem die betrekking met dank aan. Baie dankie vir die vertroue in my gestel.

Ek sal 1 Maart op kantoor wees.

Vriendelike groete.

Die uwe

M. A. Brown.

MARY-ANNE BROWN (MEV.)

Bedankingstelegram

As mev. Brown die pos nie aanvaar het nie, sou sy die volgende telegram gestuur het:

JAMMER KAN POS NIE AANVAAR EGGENOOT SKIELIK VERPLAAS
M BROWN

ABC-INVOERDERS

Vakature vir Kantoorklerk M/V

Vereistes: Ondervinding van kantooradministrasie

Pligte: Verantwoordelik vir tweetalige korrespondensie en boekhouding.

Salaris: R__ p.m.; Verlof: 3 weke p.j.

Doen aansoek by Bestuurder.
Posbus 17
Kaapstad
8000

Sluitingsdatum: 20 Maart 19__

SUID-AFRIKAANSE BOEKUITGEWERS

SENIOR VERTEENWOORDIGER

Ons soek 'n manlike persoon

- met ten minste 5 jaar ervaring
- in besit van 'n matrikulasiesertifikaat
- wat goed kan kommunikeer in albei amptelike tale
- in goeie gesondheid verkeer

Salaris plus kommissie R__ p.m.
Aanvangsdatum: 1 Julie 19__
Verlof: 30 dae per jaar

Byvoordele: firmamotor, pensioenfonds, mediese fonds, 13de tjek

Rig aansoeke aan:
Die Bestuurder
Posbus 572
Durban
4000

aanstellingsbrief	*letter of appointment*
betrekking	*post*
Die uwe	*Yours faithfully*
bedankingstelegram	*telegram of refusal*
vertroue	*confidence*
eggenoot	*husband*
verplaas	*transfer*
Suid-Afrikaanse Brouery	*South African Breweries*
senior	*senior*
verteenwoordiger	*representative (traveller)*
manlik	*masculine/male*
ten minste	*at least*
albei, (altwee)	*both*
in besit van	*in possession of*
matrikulasiesertifikaat	*matriculation certificate*
kommunikeer	*communicate*
amptelike tale	*official languages*
in goeie gesondheid verkeer	*be in good health*
plus	*plus*
kommissie	*commission*
aanvangsdatum	*commencement date*
firmamotor	*company car*
rig	*direct*
invoerders	*importers*
aansoek(e)	*application(s)*
kantoorklerk	*office clerk*
kantooradministrasie	*office management*
pligte	*duties*
verantwoordelik	*responsible*
korrespondensie	*correspondence*
boekhouding	*bookkeeping*
sluitingsdatum	*closing date*

'n Skriftelike aansoek

Dirk Smit doen skriftelik aansoek om die pos as verteenwoordiger.

Hoofstraat 20
Claremont
DURBAN
4001

15 Mei 19. . .

Die Bestuurder
SA Boekuitgewers
Posbus 572
DURBAN
4000

Geagte Heer

VAKATURE: SENIOR VERTEENWOORDIGER

Met verwysing na bogenoemde advertensie in die *Natal Mercury* van 14 April doen ek aansoek om die vakante betrekking.

Ek is 31 jaar oud en verkeer in goeie gesondheid.

Ek het 'n matrikulasiesertifikaat in 19. . . aan die Hoërskool Port Natal verwerf in die volgende vakke:

Engels (Hoër Graad)
Afrikaans A (Hoër Graad)
Zulu
Boekhou
Wiskunde
Biologie

Vanaf 19. . . tot 19. . . het ek by die firma *Jacobs en Jacobs* algemene kantoorwerk gedoen. Die afgelope vier jaar werk ek as verteenwoordiger vir die firma *Naidoo-broers* in Durban.

Ek stel belang in u pos aangesien dit vir my 'n groter uitdaging met 'n beter salaris en byvoordele bied. In my huidige werk kommunikeer ek daagliks in Afrikaans, Engels en Zulu.

As u 'n persoonlike onderhoud verlang, is ek bereid om te kom wanneer dit u pas.

Die uwe

D Smit

D SMIT

aansoek doen	*apply*
verteenwoordiger	*representative*
skriftelik	*in writing*
met verwysing na	*with reference to*
bogenoemde	*above-mentioned*
vakant(e)	*vacant*
betrekking	*post*
gesondheid	*health*
verwerf	*obtain*
vak(ke)	*subject(s)*
hoër graad	*higher grade*
algemene	*general*
kantoorwerk	*office work*
aangesien	*seeing that*
uitdaging	*challenge*
persoonlike	*personal*
bereid	*prepared*
verlang	*desire*

Aanstellingstelegram

Dirk Smit ontvang die volgende aanstellingstelegram:

> VANAF 1 JULIE AANGESTEL AS SENIOR VERTEENWOORDIGER TEEN R. . . . PER JAAR BEVESTIG ASSEBLIEF
>
> SA BOEK DURBAN

Aanvaardingstelegram

Dirk Smit stuur die volgende aanvaardingstelegram:

> AANVAAR BETREKKING VANAF 1 JULIE
>
> D SMIT

Diensopseggingsbrief

Hoofstraat 20
Claremont
DURBAN
4001

22 Mei 1987

Die Bestuurder
Naidoo-broers
Posbus 947
DURBAN
4000

Geagte Menere

DIENSOPSEGGING: POS VERTEENWOORDIGER

Dit spyt my om na vier jaar uit hierdie pos te bedank.

Aangesien ek 'n senior betrekking met 'n groter salaris en byvoordele aanvaar het, gee ek kennis dat ek u diens op 30 Junie sal verlaat.

Baie dankie vir u vriendelikheid en voorbeeld die afgelope vier jaar. Ek het baie by u firma geleer en neem net aangename herinneringe saam met my.

Ek wens u firma baie voorspoedige jare toe.

Vriendelike groete.

Die uwe

D Smit

DIRK SMIT

aanstellingstelegram	*telegram of appointment*
bevestig	*confirm*
aanvaardingstelegram	*telegram of acceptance*
diensopsegging	*resignation*
bedank	*resign*
kennis gee	*give notice*
herinneringe	*memories*
voorspoedige	*prosperous*

Notes

1 Daar is drie maniere om *teenstelling* (opposites) uit te druk:

(a) Gebruik 'n ander woord

mooi	pretty	**lelik**	ugly
skoon	clean	**vuil**	dirty
kom	come	**gaan**	go
swak	weak	**sterk**	strong
goed	good	**sleg**	bad
skaars	scarce	**volop**	abundant
begin	begin	**eindig**	end
invoer	import	**uitvoer**	export
swaar	heavy	**lig**	light
bo	above	**onder**	below

(b) Add the prefix *on-* to the word.

tevrede	satisfied	**ontevrede**	dissatisfied
gelukkig	happy	**ongelukkig**	unhappy
geduldig	patient	**ongeduldig**	impatient
getroud	married	**ongetroud**	unmarried
dankbaar	grateful	**ondankbaar**	ungrateful
professioneel	professional	**onprofessioneel**	unprofessional
geskoolde	schooled, skilled	**ongeskoolde**	unschooled unskilled

(c) Add the suffix *-loos*/*-eloos* to the word.

ouer	—	**ouerloos**	without parents
werk	—	**werkloos**	unemployed
moed	—	**moedeloos**	desperate, despondent
vrug	—	**vrugteloos**	fruitless

2 Some words connected with time.

Hoe lank werk u **reeds** by hierdie fabriek? *(already)*
Ek werk hier **sedert** Maart. *(since)*
Hoe lank gaan jy **nog** bly? *(still)*
Ek het drie jaar **gelede** klaargemaak. *(ago)*

Waar het jy **verlede** jaar gewerk? *(last)*
Kom jy ons groet **voordat/voor** jy vertrek? *(before)*
Wat gaan jy maak **terwyl** ek inkopies doen? *(while)*
Wat gaan jy doen **nadat/na** jy jou graad verwerf het? *(after)*
Ek bly **totdat/tot** ek genoeg geld verdien het. *(until)*
Intussen sal my vrou maar tevrede moet wees om hier te bly. *(meanwhile)*
Tydens jou verblyf in die buiteland sal ek jou hond oppas. *(during)*

3 If you start a complex sentence with some of these words such as *sedert, terwyl, voordat, nadat, totdat* the verb will be at the end of the first sentence and the main sentence will begin with a verb.

Example

sedert	**Sedert** ek hier kom **woon het, rus** ek baie lekker.
terwyl	**Terwyl** ek **lees, luister** jy na die radio.
voordat	**Voordat** jỳ gaan **slaap, moet** jy die lig afskakel (switch off).
nadat	**Nadat** hy **vertrek het, is** sy alleen.
totdat	**Totdat** jy asseblief **sê, hou** ek jou vas.

4 Irregular form of the past tense
The past tense of:
sal is **sou**
wil is **wou**
kan is **kon**

Ek **sal** elke dag skryf as ek **wil** en **kan**.
Ek **sou** elke dag geskryf het as ek **wou** en **kon**.
(I would have written everyday if I wanted to and if I could.)

5 Connecting sounds **-s, -e, -er** are often used to form compound words.

(a) *Example* **(-s-)**

universiteit	+	graad	=	universiteit**s**graad
prokureur	+	firma	=	prokureur**s**firma
aanstelling	+	brief	=	aanstelling**s**brief

(b) *Example* **(-e)**

mens	+	kind	=	mens**e**kind (human being)

(*c*) *Example* (**-er**)

kind	+	biblioteek	=	kind**er**biblioteek (children's library)

6 Twee woorde langs mekaar sonder (without) 'n verbindingsklank:

werk	+	ure	=	werkure
woord	+	verwerking	=	woordverwerking
pensioen	+	skema	=	pensioenskema
salaris	+	skaal	=	salarisskaal
geboorte	+	datum	=	geboortedatum
Woensdag	+	oggend	=	Woensdagoggend
petrol	+	prys	=	petrolprys
matrikulasie	+	sertifikaat	=	matrikulasiesertifikaat
kantoor	+	administrasie	=	kantooradministrasie

7 If the second word begins with an **s** no extra **s** is used:

reg	+	**s**ekretaresse	=	regsekretaresse
werk	+	**s**ituasie	=	werksituasie

8 If the first word ends in **s** and the second begins with **s**, retain **ss**:

Afrikaans	+	sprekend	=	Afrikaan**ss**prekend
Engels	+	sprekend	=	Engel**ss**prekend
salaris	+	skaal	=	salari**ss**kaal

It may be easier if you start off by merely joining words without connecting sounds. You will soon find that you will use connecting sounds automatically where they are essential.

EXERCISE 15

1 Beantwoord die vrae in Afrikaans:

(*a*) Waarin het mev. Brown van die vakature by Brink en Seuns gelees?

(*b*) Is mev. Brown ongetroud, getroud of geskei (divorced)?

(*c*) Hoeveel jaar ervaring/ondervinding het mev. Brown?

(*d*) Hoe weet u dat mev. Brown 'n woordverwerker ken?

(*e*) Noem die twee stede waar mev. Brown gewerk het.

(*f*) Waar het mev. Brown Afrikaans geleer? Noem die inrigting (institution).

(*g*) Vir wie het mev. Brown geskakel om vir haar 'n onderhoud te reël?

(*h*) Is mev. Brown tevrede met die salaris wat Brink haar aanbied?
(*i*) Hoe weet u dat daar 'n kans vir bevordering in hierdie pos is?
(*j*) Waar is hierdie onderhoud gevoer?

2 Reg? of Verkeerd? Gee die regte antwoord waar nodig.
(*a*) Mev. Brown kan Engels en Afrikaans praat.
(*b*) Mev. Brown het geen ervaring in oudio-tik en woordverwerking nie.
(*c*) Mev. Brown is as regsekretaresse opgelei.
(*d*) Mev. Brown is tevrede met die tyd wat vir haar onderhoud met mnr. Brink gereël is.
(*e*) Die firma se kliënte is almal Engelssprekend.

Begrip

A Lees die gesprek en beantwoord die vrae.

1 Gaan dit goed met die motorhandel?
2 Het party motorfabrieke probleme met stakings?
3 Met wie gaan dit die beste op ekonomiese gebied?
4 Wat moet Jan se vrou doen?
5 Wat sê Jan moet ons doen as ons wil hê dit moet beter gaan?

'n Gesprek tussen twee kennisse.

Jan Tog nie Daan nie! Wat 'n verrassing! Hoe gaan dit?
Daan Goed, man, net besig. Ek is hier in Port Elizabeth vir 'n nuwe projek. Hoe gaan dit met julle firma?
Jan Sleg, man, sleg. Ons sukkel. Die motorhandel is dood. Baie handelaars sal bankrot raak. Ons het 'n ekonomiese krisis.
Daan Is daar al stakings by julle fabriek?
Jan Nee, nog nie, maar die ongeskoolde werkers raak opstandig. Die geskoolde mense is nog tevrede en met die professionele mense gaan dit vandag die beste.
Daan Julle moenie moedeloos raak nie; dit sal weer beter gaan.
Jan Intussen moet my vrou maar weer arbeidsmark toe. Ons sal moet spaar en leer om binne ons begroting te leef.
Daan Ja, alles word duurder. Nou is dit weer die petrolprys!
Jan Dit gaan darem nog baie goed met ons. Ons mag nie kla en ondankbaar wees nie.

B Vul die onderstaande gegewensmemorandum in met u persoonlike gegewens.

Aansoek om indiensneming **Naam van organisasie**

PERSOONLIKE GEGEWENS

VAN	VOORNAAM (-NAME)				TELEFOONNOMMER
HUISADRES					
POSADRES					
GEBOORTEDATUM	JAAR	MAAND	DAG		PERSOONSNOMMER
HUWELIKSTAAT	ONGETROUD	GETROUD	WEDUWEE/WEWENAAR	GESKEI	

OPLEIDING
SEKONDÊRE KWALIFIKASIES: STANDERD TERSIÊRE KWALIFIKASIES: DIPLOMA GRAAD (GRADE)

NAAM VAN SKOOL NAAM VAN TERSIÊRE INRIGTING

ONDERVINDING

NAAM VAN WERKGEWER	ADRES	DATUMS VAN DIENS
1	1	1
2	2	2

VERWYSINGS

NAAM	ADRES	TELEFOONNOMMER
1	1	1
2	2	2

Ek sertifiseer dat alle inligting hier verstrek waar en juis is. Ek het geen beswaar teen 'n mediese ondersoek soos deur u firma verlang nie.

DATUM VAN AANSOEK .... HANDTEKENING VAN APPLIKANT ....

16 Motor-ry

The aim of this unit is to teach you the most important facts about traffic on South African roads. You will learn to express yourself at the filling station, to explain what is wrong and to use words connected with measure and weight.

Spitstyd in die stad

Die motors ry buffer teen buffer. Die stad se werkers haas na die sentrale stad vir hulle dagtaak. In die meeste motors is daar net die eienaar en een of twee passasiers. Hier en daar is 'n motor vol passasiers wat aan 'n saamryklub behoort en petrol wil bespaar. Hulle is dikwels pendelaars van buurdorpe. Die meeste motoriste oortree nie die verkeersreëls nie.

Die rookmis hang swaar oor die stad. Die verkeerspolisie probeer om die verkeer te laat vloei. Een motor gaan staan. Sy brandstof het opgeraak. Die hele verkeer is ontwrig. Daar is 'n lelike verkeersknoop, maar die verkeersman los die probleem gou op. Een jong man wil by 'n paar motors verbysteek, maar moet by die rooi verkeerslig wag. Die verkeersbeampte waarsku hom. As die verkeerslig groen is, beweeg die verkeer vinniger. Die jong man spoed voort. 'n Ent verder jaag hy oor 'n snelstrik. 'n Ander verkeersman trek hom van die pad af en die volgende gesprek vind plaas:

Verkeersbeampte	Jy het die snelheidsgrens oorskry, Meneer.
Jong man	Dit kan nie wees nie.
Verkeersbeampte	Wil jy sien hoe vinnig jy in 'n beboude gebied gery het? . . . 90 km/h.
Jong man	Ek glo dit nie. My snelheidsmeter is seker verkeerd.
Verkeersbeampte	Dan moet jy dit maar laat toets, Meneer . . . Wys my jou rybewys.
Jong man	Ek het dit nie hier nie.
Verkeersbeampte	Hoe lank bestuur jy al?
Jong man	'n Maand.

Verkeersbeampte Um . . . (skryf 'n kaartjie.) Betaal by die naaste polisiestasie. As jy nie jou boete betaal nie, sal jy 'n dagvaarding ontvang . . . Net 'n oomblik . . . Waar is jou derdepartyversekering?

Jong man O! Ek het vergeet om dit vanmôre op te sit.

Verkeersbeampte Nog 'n boete, jong man!

Jong man Ek gaan hof toe!

spitstyd	*peak hour*
buffer	*bumper*
haas	*hurry, hasten*
teen	*against*
sentrale	*central*
dagtaak	*daily task*
eienaar	*owner*
saamryklub	*lift club*
behoort	*belong*
bespaar	*save*
dikwels	*often*
pendelaars	*commuters*
buurdorpe	*neighbouring towns*
verkeersreëls	*traffic rules*
oortree	*tresspass*
rookmis	*smog*
hang	*hang*
swaar	*heavy*
oor	*over*
verkeerspolisie	*traffic police*
vloei	*flow*
sy brandstof het opgeraak	*he ran out of fuel*
verkeer	*traffic*
ontwrig	*disrupt*
verkeersknoop	*traffic jam*
oplos	*solve*
verkeersbeampte	*traffic officer*
verbysteek	*overtake*
voort	*forward*
verkeerslig	*traffic light*
waarsku	*warn*
beweeg	*move*
spoed	*speed*
jaag	*race*
snelstrik	*speed trap*

ent	*short distance*
aftrek	*pull off*
snelheidsgrens	*speed limit*
oorskry	*surpass*
beboude gebied	*built-up area*
glo	*believe*
snelheidsmeter	*speedometer*
toets	*test*
wys	*show*
rybewys	*driver's licence*
dagvaarding	*summons*
derdepartyversekering	*third party insurance*
hof	*court*

Padverkeerstekens

'n Paar reëlingstekens

Stopteken
Stop sign

Toegeeteken
Yield sign

Geen ingang
No entry

'n Paar waarskuwingstekens

Y-Aansluiting
Y-Junction

Tweerigtingverkeer
Two-way traffic

Verkeersirkel
Traffic circle

’n Paar gidstekens (inligtingstekens)

Opheffing
De-restriction

Deurpad begin
Freeway begins

Gevaarplate
Danger plates

Afmetings, massa, spoed, volume

Measurement, weight, speed, volume

Lengte

sentimeter	centimetre	**cm**
millimeter	millimetre	**mm**
meter	metre	**m**
kilometer	kilometre	**km**

Massa

gram	gram	**g**
kilogram	kilogram	**kg**

Spoed

kilometer per uur	kilometres per hour	**km/h / kpu**

Volume

liter	litre	ℓ
milliliter	millilitre	**ml**
kiloliter	kilolitre	**kl**

Hints for road safety

(a) Leer kinders elementêre verkeersreëls deur speletjies.
(b) Ondersteun padveiligheidsveldtogte en werk saam.
(c) Help met fondsinsameling.
(d) Gehoorsaam verkeersreëls.
(e) Hou links, gaan regs verby.
(f) Parkeer reg.
(g) Hou 'n veilige volgafstand.
(h) Laat u motor deur 'n goeie werktuigkundige nasien.
(i) Toets ligte, remme, toeter en bande gereeld.
(j) Leer noodhulp.
(k) Maak veiligheidsgordel vas.
(l) Moenie drink en bestuur nie.
(m) Leer om 'n brand te blus.
(n) Laat u oë toets.
(o) Motorfietsryers moet 'n valhelm dra.

elementêre	*elementary*
ondersteun	*support*
padveiligheidsveldtog	*road safety campaign*
verkeersreëls	*traffic rules*
fondsinsameling	*fund raising*
gehoorsaam	*obey*
verbygaan	*pass*
veilige	*safe*
volgafstand	*following distance*
werktuigkundige	*mechanic*
nasien	*check*
remme	*brakes*
toeter	*hooter*
bande	*tyres*
noodhulp	*first aid*
vasmaak	*fasten*
veiligheidsgordel	*safety belt*
brand	*fire*
blus	*extinguish*
motorfietsryers	*motorcyclists*
valhelm	*helmet*

By die vulstasie

Petroljoggie Môre, Meneer. Vol maak?

Motoris Ja, maak asseblief vol. Met Super, 93.
Petroljoggie Meneer is nou by die kus. U moet 98 ingooi. Die sleutel van u tenk asseblief.
Motoris Goed, Kontroleer asseblief die water en olie.
Petroljoggie En die bande?
Motoris Ja, pomp 2,1 reg rondom.
Petroljoggie (saggies) Die windskerm is darem vuil! (Hy begin skoonmaak.)
Motoris (betaal) Hou maar die kleingeld vir 'n fooitjie.
Petroljoggie Dankie, Meneer, dankie.

vulstasie	*filling station*
petroljoggie	*pump attendant*
kus	*coast*
ingooi	*put in*
tenk	*tank*
kontroleer	*check*
olie	*oil*
pomp	*pump*
reg rondom	*all around*
saggies	*softly*
windskerm	*windscreen*
skoonmaak	*clean*
hou	*keep*
fooitjie	*tip*

'n Ongeluk

Jan, 'n mediese student, hoor net remme skree en daarna 'n harde slag. Hy hardloop nader om te kyk wat gebeur het en om te help. 'n Jong damestudent op haar nuwe motorfiets het teen 'n motor gebots. Sy het te na aan die motor gery en toe die motoris skielik rem om 'n verbyganger nie te tref nie, het sy in die motor vasgery. Die botsing was nie ernstig nie omdat sy nie vinnig gery het nie, maar sy het baie pyn verduur.

Gelukkig het Jan noodhulp geken. Hy het die beseerde meisie gou gemaklik gemaak, haar vir skok behandel en die bloeding op haar knie gestop.

Jan het 'n omstander gevra om die polisie en 'n ambulans te ontbied. Hulle was gou op die toneel. Die student is deur die ambulanspersoneel op 'n draagbaar gelaai en vinnig na die hospitaal geneem. Gelukkig het sy 'n valhelm gedra en is net lig beseer. Haar motorfiets was egter 'n totale wrak en moes afgeskryf word.

Die verslae motoris, 'n senior burger, het om verskoning gevra. Hoewel hy onskuldig was, het hy baie sleg gevoel. Hy was dankbaar dat die ongeluk nie noodlottig was nie. Jan was 'n ooggetuie en moes in die hof gaan getuig.

ongeluk	*accident*
mediese	*medical*
rem (pl. **remme**)	*brake*
skree	*screech*
slag	*impact*
gebeur	*happen*
motorfiets	*motor cycle*
tref	*hit*
vasry	*drive into, collide with*
botsing	*collision*
ernstig	*serious*
vinnig	*fast*
pyn	*pain*
verduur	*endure*
beseerde	*injured*
gemaklik	*comfortable*
skok	*shock*
bloeding	*bleeding*
knie	*knee*
omstander	*onlooker*
ambulans	*ambulance*
ambulanspersoneel	*ambulance staff*
draagbaar	*stretcher*
totale wrak	*total wreck*
afskryf	*write off*
sleg voel	*feel bad*
noodlottig	*fatal*
senior burger	*senior citizen*
verslae motoris	*dumbfounded motorist*
ooggetuie	*eye-witness*
getuig	*testify*

My motor staan

Mev. Brown skakel die motorhawe (garage).

Mev. Brown	Hallo, hallo, is dit die Ford-garage?
Stem	Ja, kan ek help?
Mev. Brown	Ja, asseblief. My motor het nou net gaan staan. Ek weet nie wat verkeerd is nie. Ek dink dis die koppelaar.
Stem	Ek stuur dadelik 'n werktuigkundige.
Mev. Brown	Maak tog gou, asseblief.
Stem	Presies waar is u nou?
Mev. Brown	Op die hoek van Dorp- en Kerkstraat.
Stem	Wat is die motor se nommer?
Mev. Brown	Dis CL 30627.
Stem	Watter fabrikaat is dit?
Mev. Brown	Uh . . . uh . . .ek weet nie. Ek dink dis 'n Sierra. Maak net gou.
Stem	Mevrou, ry u 'n Sierra 2-liter-sedanmotor of 'n stasiewa?
Mev. Brown	Ag ja, dis 'n stasiewa . . . 'n witte.
Stem	Ons is nou-nou by u.

koppelaar	*clutch*
fabrikaat	*make*
sedanmotor	*sedan car*
stasiewa	*station wagon*
nou-nou	*soon, in a minute*

Ken u motor

Die petrol het opgeraak.	*The car has run out of petrol.*
Ek het 'n pap band, ek dink daar's 'n lek.	*I have a flat tyre, I think it's a puncture.*
Die battery is pap.	*The battery is flat.*
Die koppelaar gly.	*The clutch is slipping.*
Die rem vat nie.	*The brakes are not working.*
Die ratkas is stukkend.	*The gearbox is out of order.*

Die buffer het 'n duik in.	*The bumper is dented.*
Die kar kook.	*The radiator is overheated.*
Die uitlaatpyp het 'n gat in.	*There is a hole in the exhaust pipe.*
Die motor wil nie vat nie. Ek dink ek moet hom maar inruil vir 'n nuwe.	*The car will not start. I think I'll have to trade it in on a new car.*

Notes

1 More ways of expressing time:

Adverbs of time

Distinguish carefully between these words:

nou	now
nou-nou	presently, very soon, in a minute
netnou	presently
nou net	a minute ago

Voorbeelde

Note how these adverbs are used to indicate tense

Ek lees **nou** 'n boek.	*I am reading a book.*
of	
Ek is **nou besig** om 'n boek te lees.	(present continuous tense)
Ek sal **nou-nou** by jou wees.	*I'll be with you in a minute, presently.* (future tense)
Ek sal **netnou** kom.	*I'll be there in a little while, presently.* (future tense)
Ek het **nou net** van jou gepraat en hier is jy!	*I have just spoken about you and here you are!* (present perfect tense)

You will now have observed the importance of these adverbs of time in the sequence of tenses.

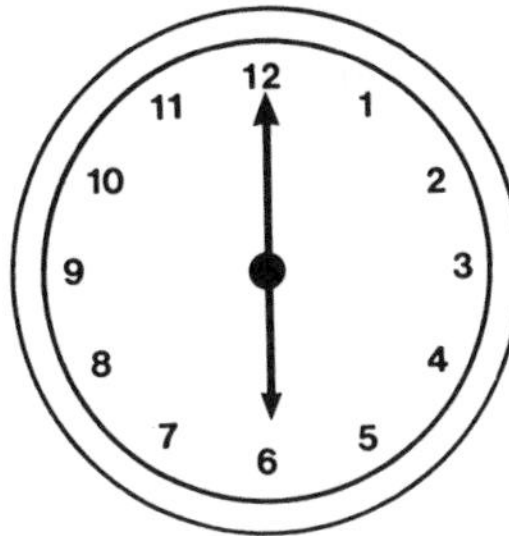

Dit is **nou** 6 uur.

Dit was **nou net** 5 voor 6.

Dit sal **nou-nou** 15 minute oor 6 wees – so oor 10 minute.

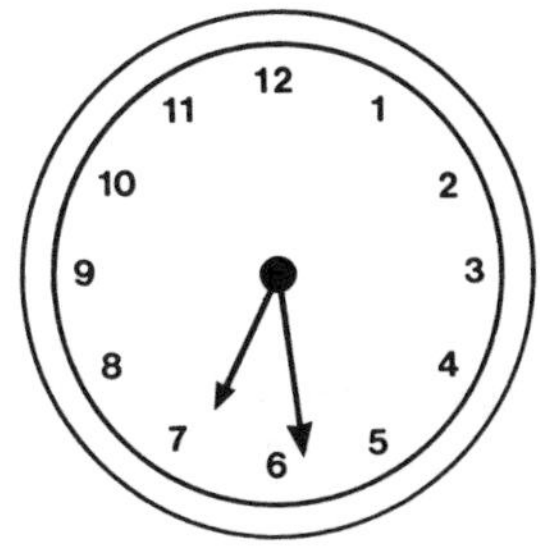

Dit sal **netnou** halfsewe wees.

2 *Direct and indirect speech*

Direkte rede
Jan vra: "Het jy seergekry, Juffrou?"
Damestudent: "Nie te erg nie, ek kan my bene roer."

Indirekte rede
As u nou aan iemand anders sê wat Jan aan die dame gesê het, dan klink dit so:

Jan het die student gevra *of* sy seergekry het. Sy het geantwoord dat sy nie te erg seergekry het nie en dat sy haar bene kon roer.

Let op die volgende veranderinge.

In the indirect speech:

jy	*becomes*	**hy, sy, ek**
gister	*becomes*	**die vorige dag**

gistermiddag	*becomes*	**die vorige middag**
jou	*becomes*	**hom, haar, my**
ek	*becomes*	**hy/sy**
môre	*becomes*	**die volgende dag**
sal	*becomes*	**sou**

Example
"Wat het hy gister gedoen?" het die man gevra.

Die man het gevra wat hy (sy, ek) die vorige dag gedoen het.

EXERCISE 16

Lees "spitstyd in die stad" weer.

1 Reg of verkeerd? Gee die regte antwoord waar nodig.
- *(a)* Tydens die spitsuur is daar min verkeer in die stad se strate.
- *(b)* Die verkeersbeamptes reël die verkeer.
- *(c)* 'n Motoris mag ry as die lig na rooi oorslaan.
- *(d)* Een motor het gaan staan omdat hy 'n pap band gehad het.
- *(e)* Die jong man het die verkeersreëls oortree.

2 Kyk na die verkeersteken en sê vir die bestuurder wat hy nie moet doen nie:

Voorbeeld:

Moenie hier parkeer nie.

(a) Moenie regs draai nie.

(b) Moenie verbysteek nie.

(c) Moenie 'n U-draai maak nie.

3 Pas die teken by die inligting.

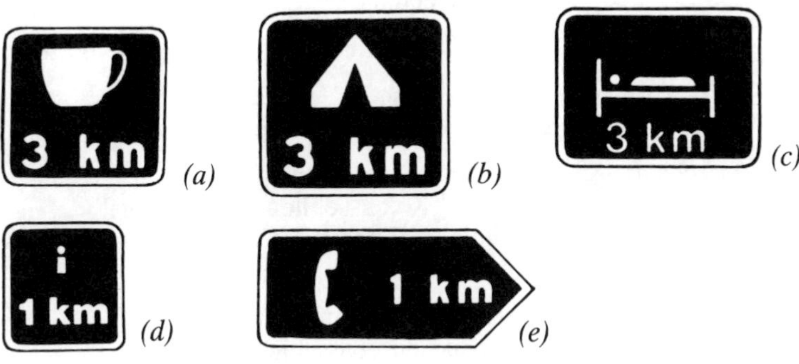

(i) kampeerterrein

(ii) telefoon-rigting

(iii) toeriste-inligting

(iv) hotel/motel

(v) restaurant

4 Pas die verduideliking (explanation) in kolom B by die sin in kolom A:

(a) 'n Brand blus beteken

(b) 'n Veilige volgafstand hou beteken

(c) 'n Motor nasien beteken

(d) Die windskerm is

(e) 'n Fooitjie gee is

(i) dat jy 'n veilige afstand van die motor voor jou moet behou.

(ii) geld wat jy aan iemand gee om dankie te sê.

(iii) die voorruit van die motor.

(iv) dat jy 'n vuur doodmaak.

(v) dat jy seker maak dat alles reg is.

5 Lees en vul die regte woorde in:

Motoris "My motor wil nie (a) . . . nie. Miskien het die petrol (b) . . . maar die (c) . . . kan ook pap wees. As u die motor kom haal, kyk tog asseblief ook na die (d) . . . wat gly. U moet ook asseblief 'n nuwe uitlaatpyp insit, hierdie een het 'n (e) . . . in en raas baie."

Werktuigkundige "Meneer, wil u nie u motor (f) . . . op 'n nuwe een nie?"

Woorde: opgeraak, vat, gat, inruil, battery, koppelaar.

6 Vertel aan iemand wat die spreker gesê het:

Voorbeeld
Motoris aan petroljoggie: "Kyk asseblief na die water."
Die motoris het aan die petroljoggie gesê hy moet asseblief na die water kyk.

(a) **Motoris** "Gooi asseblief 10 liter petrol in."
(b) **Joggie** "Gee my u sleutel asseblief."
(c) **Motoris** "Die tenk is oop."
(d) **Joggie** "Is die olie reg, Meneer?"
(e) **Motoris** "Ja. Pomp die bande asseblief."
(f) **Joggie** "Hoeveel?"
(g) **Motoris** "Net soos jy verlede week gepomp het."

Begrip (Raadpleeg 'n woordeboek of die woordeskatlys.)

Lees die koerantberig en beantwoord die vrae in Afrikaans.

1 Waar het hierdie voorval plaasgevind?
2 Is die kollege nuut of oud?
3 Watter soort voertuig het in die gebou ingery?
4 Het die seuns in hulle beddens bly lê?
5 Waar het die voertuig uiteindelik (eventually) tot stilstand gekom?

Vragmotor tref kollegeslaapsaal

SWELLENDAM—'n Groep leerlinge van die geskiedkundige kollege op die dorp het gisteroggend vroeg hier wonderbaarlik aan die dood ontkom toe 'n swaar vragmotor deur die muur van hul slaapsaal gebars en sowat 'n meter verder teen 'n muur tot stilstand gekom het. In die geweldige slag is van die seuns uit hul beddens geslinger.

17 Gesondheid

The aim of this unit is to emphasise the importance of our health. You will also be taught how to express yourself in the doctor's or dentist's surgery.

Goeie gesondheid

Dis vir die moderne mens van die 20ste eeu aan die een kant maklik om gesond te bly, maar aan die ander kant moeilik.

Die mediese wetenskap weet vandag wat om te gebruik om die mens gesond te hou en baie lank te laat leef.

Aan die ander kant, egter, word die mens elke dag bedreig deur besoedeling en spanning.

Ons stede se lug word besoedel deur fabrieksrook, uitlaatgasse van voertuie, huishoudelike rook en sigaretrook. Ons asem die vuil lug in en is baie vatbaar vir longkwale.

Fabrieksafval en 'n onhigiëniese lewenswyse besoedel ons vars water, terwyl ons oseane bedreig word deur oliebesoedeling.

Ons leef so gespanne dat ons slagoffers van stres word en aan hartkwale beswyk.

Psigiaters moet ons behandel want ons raak maklik depressief.

Wat moet ons doen?

(a) Meer oefening kry.
(b) Gesonde eetgewoontes aankweek.
(c) Spanning vermy deur genoeg slaap en rus te kry.
(d) Afsien van slegte eet- en drinkgewoontes.

gesondheid	*health*
aan die een kant	*on the one hand*
aan die ander kant	*on the other hand*
wetenskap	*science*
bedreig	*threaten*
besoedeling	*pollution*
spanning	*tension*
fabrieksafval	*factory refuse*

uitlaatgasse	*exhaust fumes*
huishoudelike	*domestic*
vatbaar	*susceptible*
longkwale	*lung diseases*
onhigiëniese	*unhygienic*
lewenswyse	*lifestyle*
besoedel	*pollute*
vars	*fresh*
oseane	*oceans*
gespanne	*tense*
slagoffers	*victims*
stres (loan word)	*stress*
hartkwale	*heart diseases*
depressiwiteit	*depression*
depressief	*depressive*
psigiaters	*psychiatrists*
oefening	*exercise*
gesonde	*healthy*
eetgewoontes	*eating habits*
asem . . . in (inasem)	*inhale*
beswyk	*die*

By die dokter

Pasiënt Goeiemôre, Dokter.
Dokter Goeiemôre, Juffrou. Wat is die probleem?
Pasiënt Ek het sedert gister hoofpyn en is 'n bietjie koorsig. Ek is moeg en uitgeput.
Dokter Ek dink nie dis baie ernstig nie, maar kom laat ek u ondersoek . . . Ja-nee, u het 'n kwaai griep.
Pasiënt Mag ek gaan werk?
Dokter Nee, nee. U moet 'n paar dae in die bed bly totdat u beter voel. Hoes u?
Pasiënt Ja, 'n bietjie. Skryf u medisyne voor?
Dokter Rus is die beste vir u, maar ek gee 'n voorskrif vir 'n hoesmiddel en pille . . . Maak 'n afspraak by my ontvangsdame vir 'n kontroleondersoek.
Pasiënt Dankie, Dokter. Tot siens.
Dokter Gou beter word! Tot siens.

pasiënt	*patient*
hoofpyn	*headache*
koorsig	*feverish*
uitgeput	*exhausted*
ja-nee	*sure*
kwaai griep	*bad flu, influenza*
rus	*rest*
voorskryf	*prescribe*
voorskrif	*prescription*
hoesmengsel/middel	*cough mixture*
kontroleondersoek	*check-up*

Die Menslike Liggaam
The Human Body

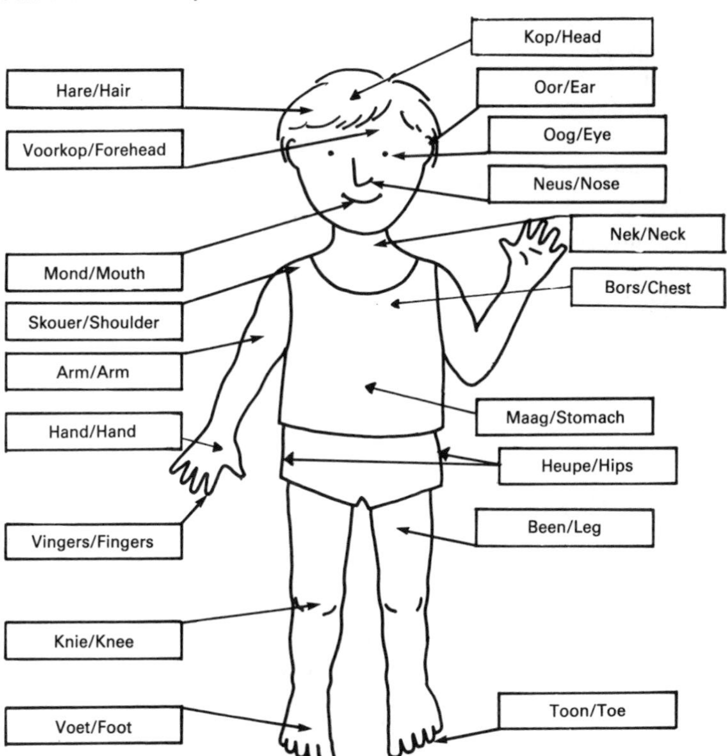

By die tandarts

Pasiënt	Goeiemôre, Dokter.
Tandarts	Goeiemôre, Juffrou. Sit gerus . . . Wat is die moeilikheid?
Pasiënt	Ek het 'n geweldige tandpyn.
Tandarts	Maak jou mond wyd oop . . . Ja-nee, hier is die probleem. Ek sal hierdie tand moet stop.
Pasiënt	Nee, asseblief nie – dis te seer.
Tandarts	Nee, wat. Ek spuit 'n bietjie dood en jy voel niks.
Pasiënt	Ek hou nie van 'n boor nie. Trek die tand maar liewer.
Tandarts	Nee, Juffrou. Jy kan nie nou al hierdie voortand verloor nie. Net 'n inspuiting. Dit sal nie seer wees nie.
Pasiënt	Nou goed dan, Dokter.

moeilikheid	*difficulty*
geweldige	*terrible*
tandpyn	*toothache*
wyd	*wide*
oop	*open*
probleem	*problem*
dis te seer	*it hurts too much*
doodspuit	*inject*
boor	*drill*
voortand	*front tooth*
inspuiting	*injection*
nou goed dan	*all right*

In die hospitaal

Paul het met sy motorfiets geval en sy been gebreek.

Paul	Gaan u opereer?
Chirurg	Net so 'n klein operasie, dan 'n paar weke in gips en jy kan weer motorfiets ry?
Paul	Gaan die operasie onder narkose gedoen word?
Chirurg	Ja, hier kom die narkotiseur. Hy doen gou 'n paar toetse.

Narkotiseur Alles reg. Môreoggend om 8 in die teater, asseblief, Suster.

Verpleegster Goed, Dokter.

Volgende dag

Die operasie is gedoen en Paul is terug in die algemene saal. Hy het bygekom. Oor 'n paar dae word hy ontslaan, maar hy sal 'n paar weke lank met krukke moet loop. Hy sal eers oor 'n paar maande weer rugby kan speel. Die dokter sê hy moet versigtig wees.

breek	*break*
operasie	*operation*
gips	*plaster of Paris*
narkose	*anaesthetic*
narkotiseur	*anaesthetist*
alles reg	*everything is fine*
bykom	*regain consciousness*
ontslaan	*discharge*
kruk(ke)	*crutch(es)*
rugby speel	*play rugby*
versigtig	*careful*

Notes

1 Active and passive

A sentence is said to be in the active voice (AV) when the subject performs an action. e.g.

	subject	predicate	direct object
The	**doctor**	**performs**	an **operation.**
Die	**dokter**	**doen**	'n **operasie.**

This sentence changed into the passive voice (PV) has the same tense, but the direct object now becomes the subject of the new sentence; the verb is changed to its passive form and the original subject becomes the agent. The preposition *by* in English (*deur* in Afrikaans) precedes the agent.

The sentence now reads:

The operation {**is performed** / **is being performed**} by the doctor.

Die operasie **word** deur die dokter **gedoen.**

We could present it as follows:

Bedrywende vorm	Onderwerp **Die dokter**	Gesegde **doen**	Direkte voorwerp **die operasie**
Active voice	Subject **The doctor**	Predicate **performs**	Direct Object **the operation**

In changing this sentence to the passive voice, the direct object *the operation* now becomes the *new subject*. The verb is changed to its passive form in the present tense "*is done*".

The subject of the sentence in the active voice now becomes the agent preceded by *by*:

Passive voice: The operation is
Present tense: performed by the doctor

Die **operasie word deur** die dokter **gedoen**. (Note the past participle in the last position and the use of **deur**) (Eng. *by*)

Present tense

AV	*Subj.* Die dokter	Pred. *doen*	*Obj.* die operasie
PV	*Subj.* Die operasie	Predicate in passive voice *word* *gedoen*	*Agent* deur die dokter

More examples

(*a*) AV Die verpleegster *bring* die tee.
PV Die tee *word* deur die verpleegster *gebring*.

(b) AV Die tandarts *trek* my tand.
PV My tand *word* deur die tandarts *getrek*.

(c) AV Ek *betaal* my rekening.
PV My rekening *word* deur my *betaal*.
(Note no *ge-* added to words beginning with *be-*)

2 One can form new words by adding certain suffixes to existing words, e.g. **-ig, -tig, -ing, -aar, -ster, -heid, -loos.**

koors	+	**-ig**	=	**koorsig**	feverish
haas	+	**-tig**	=	**haastig**	hurried
oefen	+	**-ing**	=	**oefening**	exercise
besoedel	+	**-ing**	=	**besoedeling**	pollution
bedreig	+	**-ing**	=	**bedreiging**	menace
geduld	+	**-ig**	=	**geduldig**	patient
inspuit	+	**-ing**	=	**inspuiting**	injection
geesdrif	+	**-tig**	=	**geesdriftig**	enthusiastic
hengel	+	**-aar**	=	**hengelaar**	angler
verpleeg	+	**-ster**	=	**verpleegster**	nurse
gesond	+	**-heid**	=	**gesondheid**	health

3 *Diminutives* can be formed in the same way by using the following suffixes:

toon	+	**-tjie**	=	**toontjie**	toe
oog	+	**-ie**	=	**ogie** (drop one o)	eye
oor	+	**-tjie**	=	**oortjie**	ear
tand	+	**-jie**	=	**tandjie**	tooth
vinger	+	**-tjie**	=	**vingertjie**	finger
kop	+	**-ie**	=	**koppie** (double the p)	head
neus	+	**-ie**	=	**neusie**	nose
mond	+	**-jie**	=	**mondjie**	mouth

4 Nog teenoorgesteldes:

aan die een kant	aan die ander kant
lank	kort
vuil	skoon
vatbaar	onvatbaar
higiënies	onhigiënies
gespanne	ontspanne
maklik	moeilik
meer	minder
genoeg	te veel

EXERCISE 17

1 Voltooi:
   (a) 'n Dokter wat tande stop en trek, is 'n . . .
   (b) As 'n mens se tand seer is, dan het jy . . .
   (c) As 'n dokter sê hy gaan spuit, dan gee hy jou 'n . . .
   (d) Die dokter wat die narkose gee, is 'n . . .
   (e) Die dokter wat vir Paul gaan opereer, is 'n . . .

2 Change into the passive:
   (a) Fabrieksrook besoedel ons lug.
   (b) Ons asem vuil lug in.
   (c) Psigiaters moet ons behandel.
   (d) Die dokter skryf medisyne voor.
   (e) Die suster verpleeg die pasiënt.

3 Reg of verkeerd? (Gee die regte antwoord.) Lees die leesstuk weer.
   (a) Ons stede se lug is baie skoon.
   (b) Die mediese wetenskap weet nie hoe om die mens gesond te hou nie.
   (c) Stedelinge asem besoedelde lug in.
   (d) Die moderne mens raak nie maklik depressief nie.
   (e) Omdat ons baie vuil lug inasem, kry ons baie maklik longsiektes.

Begrip

A Lees die gesprek oor sport en volg die instruksies.

Kies die regte antwoord:

1 B hou die meeste van
   (a) krieket.
   (b) rugby.
   (c) tennis.

2 Die munisipale klub vra
   (a) geen ledegeld nie.
   (b) R50 'n maand.
   (c) R50 'n jaar.

3 A dink die ledegeld is
   (a) hoog.
   (b) laag.
   (c) net reg.

4 B dink A sal
  (*a*) nie van die klub hou nie.
  (*b*) dit geniet om daar te speel.
  (*c*) glad nie wil aansluit nie.

5 B dink Suid-Afrikaners is miskien sportmal omdat
  (*a*) hulle almal aan sport deelneem.
  (*b*) baie in hulle leunstoele sit en na die TV-uitsending kyk.
  (*c*) te veel na die radio luister.

Twee persone gesels oor sport

A: Dink jy die Suid-Afrikaners is sportmal?
B: Miskien, as mens aan die baie leunstoelsportmanne dink wat voor die televisiestel na sport kyk. Aan die ander kant is daar baie mense wat aan geen sport deelneem nie.
A: Wat is jou geliefkoosde sportsoort?
B: Ek speel graag tennis.
A: Is hier 'n baan naby ons?
B: Ja, die munisipale bane is op die hoek van die volgende straat.
A: Kan ek by daardie klub aansluit?
B: Ja, ek is ook 'n lid.
A: Hoeveel is die subskripsie (ledegeld) per jaar?
B: Ons betaal R50 per jaar.
A: Dis baie. Ek moet nog 'n nuwe raket en tennisklere koop.
B: Maar ek is seker jy sal dit baie geniet. Die lede is vriendelik en gesellig.
A: Ek kom volgende maand aansluit.

B Kyk na die sketse op die volgende bladsy en sê of die stellings reg of verkeerd is. Gee die regte antwoord.

Voorbeeld
Kam die dame haar hare?
Verkeerd—sy borsel haar tande.

1 Krap die dogter haar kop?
2 Ruik die vrou aan die roos?
3 Die man skop die voetbal.
4 Die baba kruip op die grond.
5 Die ballerina vryf haar oë.
6 Die seun plooi sy voorkop.
7 Die ou man punt sy toon.
8 Die dame krap haar kop.
9 Byt die kind met sy tande?
10 Die man buig sy knieë.
11 Die man kam sy hare.
12 Plooi die dame haar voorkop?

Die man kam sy hare.

Die dame borsel haar tande.

Die baba kruip op die grond.

Die seun krap sy kop.

Die ou dame plooi haar voorkop.

Die dogter vryf haar oë.

Die kind byt met sy tande.

Die seun trek sy wenkbroue op.

Die vrou ruik aan die roos.

Die ou man buig sy knieë.

Die seun skop die voetbal.

Die man swaai sy arms.

Die ballerina punt haar toon.

18 In die buitelug

The aim of this unit is to provide reading passages describing the wealth of South Africa as a tourist paradise. The emphasis falls on narrative and descriptive writing.

Wildtuine en natuurreservate

Vierhonderd jaar gelede was Suid-Afrika 'n diereparadys, onaangetas deur die Westerse beskawing en tegnologie. Primitiewe stamme soos die Boesmans het vir die pot gejag. Met die koms van die Westerse beskawing het alles verander. Die mens het meer vir die avontuur begin jag en duisende diere is gevolglik uitgeroei.

Gelukkig het President Paul Kruger aan die einde van die vorige eeu 'n toevlugsoord vir wilde diere geskep, naamlik die Nasionale Krugerwildtuin in die Transvaalse Laeveld.

Vandag is daar 'n groot aantal wildtuine en natuurreservate wat alle soorte soogdiere, voëls en plante bewaar. Natuurbewaring het 'n wetenskap geword met die doel om balans in die ekologie te bewaar.

Die bekendste reservate in Suid-Afrika is die Nasionale Krugerwildtuin in die Transvaal, die Hluhluwewildtuin en die Umfolozi in Natal, die Addo-Olifantpark in die Oos-Kaap, die Kalahari-Gemsbokpark in Noordwes-Kaap en die Bontebokpark in die Wes-Kaap.

In die naburige Namibië/Suidwes-Afrika is daar die uitgestrekte Etoshapan met duisende diere.

In die buitelug	*Out of doors*
wildtuine	*game reserves*
natuurreservate	*nature reserves*
diereparadys	*animal paradise*
onaangetas	*untouched*
Westerse beskawing	*Western civilisation*
tegnologie	*technology*

primitiewe stamme	*primitive tribes*
Boesmans	*Bushmen*
verander	*change*
vir die pot jag	*hunt for the pot*
koms	*arrival*
avontuur	*adventure*
uitroei	*exterminate*
gevolglik	*as a result*
president	*president*
eeu	*century, age*
toevlugsoord	*sanctuary*
naamlik	*namely*
Krugerwildtuin	*Kruger National Park*
skep	*create*
Laeveld	*Lowveld*
aantal	*number*
soogdier(e)	*mammal(s)*
natuurbewaring	*nature conservation*
doel	*purpose*
balans	*balance*
ekologie	*ecology*
bekendste	*best known*
gemsbok	*gemsbuck, gazelle*
naburige	*neighbouring*
uitgestrekte	*vast*

Die Krugerwildtuin

Die Smit-gesin het hulle wintervakansie in die Krugerwildtuin deurgebring. Mnr. Smit en sy buurman, Cook, wat nog net 'n rukkie in die land is, gesels oor die vakansie.

Cook Hoe was die vakansie?

Smit Onbeskryflik lekker. Ons het heerlike weer gehad. Bedags warm en sonnig en saans heerlik koel. Ons het een nag 'n bui gehad, maar verder geen reën of stormwinde nie.

Cook In watter kampe was julle?

Smit Die eerste week was ons in Skukuza in 'n luukse rondawel. My vrou wou nie in 'n tent kampeer nie. Ons het smôrens vroeg na die diere gaan kyk en saans om die vleisbraaivure na almal se stories geluister.

Cook Het julle baie roofdiere gesien?

Smit Ja, ons was gelukkig om te sien hoe 'n leeu 'n kameelperd by een van die drinkpanne plattrek.

Cook Ek hoor daar is nog baie buffels en olifante in die wildtuin. Is dit so?

Smit Ja, daar is nog troppe olifante en groot kuddes buffels by die sentrale en noordelike kampe.

Cook Wat van seekoeie?

Smit Ja, by Krokodilbrug het ons reuse-seekoeie van naby bekyk. Weet jy daar is nou ook weer 'n klompie renosters in die wildtuin?

Cook Nee, ek het nie geweet nie. Ek het net gehoor van groot troppe rooibokke, wildebeeste, sebras en volop kameelperde en koedoes. Ek wil hierdie diere met my eie oë sien.

Smit Jy moet vroegtydig plek bespreek. Skryf aan die Direkteur, Nasionale Parke, Posbus 787, Pretoria 0001. Ek hoop jy kry plek. So 'n vakansie in die buitelug is onvergeetlik.

Cook Ek sien uit daarna. Miskien sal ons kampeer. My vrou hou baie van 'n vakansie in 'n woonwa.

wintervakansie	*winter holiday*
rukkie	*little while*
onbeskryflik	*indescribably*
bui	*shower*
stormwinde	*fierce winds*
luukse	*luxury*
rondawel	*round hut*
tent	*tent*
vleisbraaivure	*barbecue fires*
stories	*stories*
roofdiere	*predators*
leeuvangs	*lions hunting*
drinkpanne	*pans where animals drink*
plattrek (idiomatic)	*bring down*
buffel(s)	*buffalo(es)*
olifant(e)	*elephant(s)*
trop(pe)	*herd(s)*
kudde(s)	*herd(s)*
sentrale	*central*
noordelike	*northern*
seekoei(e)	*hippopotamus(i)*

reuse	*gigantic*
'n klomp(ie)	*a few*
renoster(s)	*rhinoceros(i)*
rooibokke	*impala*
wildebees(te)	*wildebeest*
sebra(s)	*zebra(s)*
kameelperd(e)	*giraffe(s)*
koedoe	*kudu*
eie	*own*
vroegtydig	*in good time*
Direkteur	*Director*
onvergeetlik	*unforgettable*

Wandelpaaie

Dwarsdeur Suid-Afrika kronkel daar pragtige voetslaanpaaie vir die stapper wat die skouspelagtige natuurtonele van naby wil leer ken. Voetslaners kan kies tussen roetes deur boslandskap of oor berge en riviere of hulle kan roetes langs die kus volg.

'n Paar van ons bekende staproetes is die Magoebaskloof Wandelpad; Fanie Botha Wandelpad; Blyderivier Wandelpad; Otter-Tsitsikamma Wandelpad; en die Boland Wandelpad.

wandelpaaie	*hiking trails*
dwarsdeur	*throughout*
kronkel	*wind (v.)*
stapper	*hiker*
skouspelagtige	*spectacular*
natuurtonele	*scenery*
voetslaners (idiom)	*hikers*
roetes	*routes, trails*
riviere	*rivers*

Wenke vir die stapper

(a) Bespreek vroegtydig by die Suid-Afrikaanse Nasionale Voetslaanpadraad.

(b) Beplan u staptoer.

(c) Moenie 'n lang staptoer aanpak as u nie fiks is nie.
(d) Moenie onnodige artikels saamneem nie.
(e) Kies u kosvoorraad sorgvuldig. Ontwaterde voedsel is ideaal.
(f) Luister na weerberigte.
(g) Rig u in vir koue en nat toestande.
(h) Moenie u waterbottel vergeet nie.
(i) Moenie afdwaal nie.
(j) Sorg dat u oorlewingsuitrusting het.

wenk	*hint*
vroegtydig	*in good time*
beplan	*plan*
aanpak	*attempt*
fiks	*fit*
onnodige	*unnecessary*
kosvoorraad	*provisions*
sorgvuldig	*carefully*
ontwaterde	*dehydrated*
weerberigte	*weather reports*
inrig	*provide*
afdwaal	*stray*
sorg	*take care*
oorlewingsuitrusting	*survival kit*

Weervoorspelling

5 Februarie 19—

Kaapse Skiereiland, die Boland en die Overberg

Bewolk en matig met motreën, maar later miskolle wat opklaar oor die Skiereiland. Wind matig tot taamlik sterk suidwes tot suid. Die maksimum temperatuur by die lughawe D.F. Malan sal sowat 24 grade C wees.

Transvaal
Gedeeltelik bewolk en baie warm met enkele donderbuie.

Vrystaat
Bewolk en baie warm met verspreide donderbuie.

Natal
Warm en bedompig.

weervoorspelling	*weather forecast*
Kaapse Skiereiland	*Cape Peninsula*
bewolk	*overcast, cloudy*
matig	*mild*
motreën	*drizzle*
later	*later*
miskolle	*fog patches*
opklaar	*clear*
matig	*moderate, mild*
taamlik	*fairly*
maksimum temperatuur	*maximum temperature*
sowat	*roughly*
grade	*degrees*
gedeeltelik	*partly*
enkele	*a few*
verspreide donderbuie	*scattered thunder showers*
bedompig	*humid*

Die Tsitsikamma Voetslaanpad

'n Mens kan die voetslaanpad op verskillende plekke begin, maar die volledige uitstappie van 61 kilometer begin naby Nature's Valley en eindig by die Stormsrivierbrug.

Die groot soorte wildediere is uitgeroei, maar daar is nog ander diere soos bosbokke, bosvarke, luiperds, bobbejane, ape, ratels en otters. Daar is ook omtrent sewentig soorte voëls in hierdie gebied.

Die hutte kan dertig mense huisves — die maksimum getal wat hierdie roete op een dag mag begin.

Suidwaarts kronkel die beroemde Otter Voetslaanpad langs die kus.

verskillende	*different*
volledig(e)	*complete*
eindig	*end*
uitstappie	*excursion*
Stormsrivierbrug	*Storms River Bridge*
onder andere	*amongst others*
bosbokke	*bushbuck*
bosvark	*bush pig*

luiperd(s)	*leopard(s)*
bobbejane	*baboons*
ape	*monkeys*
ratels	*honey badgers*
otters	*otters*
huisves	*accommodate*
suidwaarts	*southward*

Blyderivier

Die Blyderivier Wandelpad strek van die sogenaamde God's Window, met 'n panoramiese uitsig oor die Laeveld, noordwaarts langs die berg deur die staatsbos tot by die Sybrand van Niekerk Vakansieoord by Swadini.

Hierdie wandelpad bied aan die wandelaar en ander vakansiegangers 'n rykdom besienswaardighede soos Bourke's Luck, 'n vroeëre goudmyn, met skouspelagtige maalgate in die rivierbedding, die Drie Rondawels, silindervormige bergspitse, die groot Mariepskop en 'n plant- en dierryke omgewing. Die besoeker kan gerus ook 'n besoek aan die Eggogrot bring en aan geskiedkundige dorpe soos Sabie, Graskop en Pelgrimsrus.

strek	*stretch*
sogenaamde	*so-called*
panoramiese	*panoramic*
noordwaarts	*northward*
staatsbos	*state forest*
vakansieoord	*holiday resort*
wandelaar	*hiker, walker*
rykdom	*wealth*
besienswaardighede	*sights worth seeing*
vroeëre	*earlier*
goudmyn	*goldmine*
maalgate	*pot-holes*
rivierbedding	*river bed*
silindervormige	*cylindrical*
bergspitse	*mountain peaks*
Eggogrot	*Echo Caves*
geskiedkundige	*historic*

Sport en speletjies

In Suid-Afrika kan 'n mens aan baie sportsoorte deelneem.

Fikse jong mans speel graag rugby, sokker en krieket. Mans en vrouens van alle ouderdomsgroepe verkies tennis omdat hulle goeie oefening kry en baie gesellig kan verkeer. Ouer mense hou van rolbal, jukskei en croquet (kroukie). Die jongeres verkies vlugbal, muurbal, netbal, basketbal, hokkie, perdry, fietsry en gimnastiek. 'n Sportsoort wat baie gewild is, is gholf. Dan is daar nog hengel/visvang vir mense wat baie geduld het. Moenie swem vergeet nie. Op 'n warm somersdag is daar niks lekkerder as swem in 'n swembad of in die see nie. Kinders baljaar ook graag op 'n waterglybaan.

Suid-Afrika is 'n sonnige land. Mense kan baie in die buitelug verkeer en hulle geliefkoosde sportsoort beoefen. As dit baie koud en nat is, kan 'n mens allerlei binnenshuise speletjies speel soos tafeltennis, snoeker, biljart en pyltjies.

Atlete wat aan atletiek deelneem, is gewoonlik baie gesonde mense. So ook roeiers, seilplankryers en seiljagvaarders. Baie van hierdie genoemde sportsoorte lok baie toeskouers. In Suid-Afrika is daar duisende mense wat geesdriftig op pawiljoene na hulle sporthelde in aksie kyk en self geen oefening kry nie. Hulle juig 'n Springbokrugbyspan toe of moedig 'n bokser of stoeier met groot lawaai aan, maar self is hulle leunstoelsportmense.

Binnenshuise speletjies soos skaak, dambord, en verskeie kaartspeletjies gee baie ure van genot vir ons almal.

speletjies	*games*
sportsoorte	*kinds of sport*
deelneem	*take part*
fiks	*fit*
ouderdomsgroepe	*age groups*
gesellig verkeer	*socialise*
rolbal	*bowls*
jukskei	*jukskei (lit. yoke pin)*
croquet (kroukie)	*croquet*
vlugbal	*volley ball*
muurbal	*squash*

netbal	*net-ball*
basketbal	*basket-ball*
hokkie	*hockey*
perdry	*horse riding*
fietsry	*cycling*
gimnastiek	*gymnastics*
gewild (populêr)	*popular*
gholf	*golf*
hengel	*angling*
swem	*swim, swimming*
swembad	*swimming pool*
hengelaars	*anglers*
baljaar	*romp*
waterglybaan	*water chute*
beoefen	*practise*
nat	*wet*
allerlei	*all kinds of*
binnenshuise speletjies	*indoor games*
tafeltennis	*table tennis*
snoeker	*snooker*
biljart	*billiards*
pyltjies	*darts*
atlete	*athletes*
atletiek	*athletics*
gesonde	*healthy*
roeiers	*rowers*
seilplankryers	*windsurfers*
seiljagvaarders	*yachters*
lok	*lure*
toeskouers	*spectators*
geesdriftig/entoesiasties	*enthusiastic*
aanmoedig	*encourage*
pawiljoen	*pavilion*
sporthelde	*sports heroes*
aksie	*action*
Springbokspan	*Springbok team*
bokser	*boxer*
stoeier	*wrestler*
lawaai	*noise*
leunstoelsportmense	*armchair sportsmen*
skaak	*chess*
dambord	*draughts*
kaartspeletjies	*card games*
genot	*pleasure*

Notes

1 If the **adjective** describing a noun is placed *after* the predicate in a sentence, it is said to be predicative. This adjective is never inflected.
Die weer is **mooi.**
Die somer is **heerlik.**
Die wind is **koud.**
Die diere is **wild.**
Die dag is **bewolk.**
Die wind is **matig.**
Die stamme is **primitief.**

2 If the adjective is placed before the noun that it qualifies, it is said to be attributive.
Mooi weer. **Warm** dag.
This type of adjective, however, is very often inflected in Afrikaans i.e. an ending, mostly *-e*, is added to the original word:
heerlik**e** weer
wild**e** diere
matig**e** wind
kou**e** weer (the **d** is dropped)
bewolk**te** dag (t is added)
primitie**we** stamme (note f of the word primitie**f** becomes w)

Listen carefully and you will soon learn to use the correct ending. It may be useful to note that:

(a) words of one syllable ending in **-d, -f, -g, -s** often change.
Examples
Die man is **blind.**
Die **blinde** man.

Die weer is **sleg.**
Die **slegte** weer.

Die kind is **doof.**
Die **dowe** kind.

Die sand is **sag.**
Die **sagte** sand.

(b) words of more than one syllable generally are inflected:
Die dag is **aangenaam.**
'n **Aangename** dag.

Die lug is **bewolk.**
Bewolkte lug.

(c) **goed** becomes **goeie,** as in **Goeiemôre!**

3 *Collective nouns*
'n **trop** olifante (herd)
'n **kudde** buffels (herd)
'n **swerm** voëls (swarm)
'n **skool** visse (school)
'n **menigte** mense (crowd)
'n **bondel** wasgoed (bundle of washing)

EXERCISE 18

1 Reg of verkeerd? Gee die regte antwoord. Lees leesstukke 1 en 2 weer.
   (a) Die Krugerwildtuin is in Natal.
   (b) Natuurbewaring het ten doel om 'n ekologiese balans in die natuur te bring.
   (c) Die Etoshapan is in Namibië-Suidwes-Afrika.
   (d) Die weer was baie sleg in die Krugerwildtuin toe die Smitte daar vakansie gehou het.
   (e) Die Smit-gesin het snags baie diere gesien.
   (f) Die Smit-gesin het in Skukuza in 'n tent gekampeer.

2 Kies die regte antwoord. Lees die weervoorspelling hierbo weer.

(a) Op 5 Februarie sal die Kaapse Skiereiland	(i) baie warm wees.
	(ii) bedompig wees.
	(iii) baie koel wees (koud).
	(iv) bewolk en matig wees.
(b) Op 5 Februarie sal Natal	(v) geen reën kry nie, maar warm en bedompig wees.
	(vi) enkele donderbuie kry.
	(vii) verspreide donderbuie kry.
	(viii) bewolk en matig wees.
(c) Die enigste plekke waar die wind op 5 Februarie gaan waai, is	(ix) Natal.
	(x) die Kaapse Skiereiland, Boland en Overberg.
	(xi) Vrystaat.
	(xii) Transvaal.

3 Voltooi die sin.

Voorbeeld
Ek hou *baie* van tennis, maar *meer* van hokkie en die *meeste* van gholf.

(*a*) Rugby is 'n vinnige spel, maar netbal is . . . en hokkie die . . . spel.
(*b*) Dis lekker om tennis te speel, . . . om vlugbal te speel, maar die . . . om te swem.
(*c*) Gholf is gewild (popular), krieket . . . en rugby die . . .
(*d*) Vandag is dit koud, gister was dit . . ., maar eergister was dit die . . .
(*e*) 'n Mens kry goeie oefening met tennis, . . . met gholf en die . . . met swem.

4 Gee die regte vorm van die woord tussen hakies.
(*a*) Die Boesmans is 'n (primitief) stam.
(*b*) Daar is duisende diere in die (uitgestrek) Etoshawildtuin.
(*c*) Ons het (heerlik) weer gehad.
(*d*) Daar is baie buffels in die (noordelik) kampe.
(*e*) Die (wild) diere is in die wildtuin.
(*f*) Hulle het in 'n (luuks) rondawel gebly.
(*g*) Hulle het 'n (onvergeetlik) vakansie geniet.
(*h*) Die (sleg) weer was onaangenaam.
(*i*) Daar is (pragtig) voetslaanpaaie in Suid-Afrika.
(*j*) Die stappers het oor (sag) sand gestap.

Begrip

Raadpleeg 'n woordeboek of die woordeskatlys.

Lees die legende en beantwoord die vrae.

'n Xhosa-legende

1 Wie wou aan alle diere sterte gee?
2 Wie moes die diere bymekaar bring?
3 Watter diere wou liewer in die son lê?
4 Wie sou vir die dassies hulle sterte bring?
5 Watter diere het lang borselsterte ontvang?
6 Wat was verkeerd met Olifant se stert?
7 Waarom het die apies ekstra lang sterte?
8 Watter raad het die apies aan die dassies gegee?
9 Wie vertel hierdie legende?
10 Waarom het Koning Leeu foute gemaak toe hy die sterte uitgedeel het?

Die Xhosas van die Transkei vertel dat koning Leeu besluit het dat al sy onderdane, net soos hy, 'n stert moes hê.

Bobbejaan moes almal bymekaar bring. Al die diere behalwe die lui dassies het gekom. Hulle wou liewer in die son lê. Toe 'n trop ape by hulle verbykom, het hulle die ape gevra om hulle geskenke saam te bring.

Koning Leeu het toe vir al sy onderdane 'n mooi stert gegee. Maar omdat hy oud was en nie meer mooi kon sien nie, het hy foute gemaak. Vir eekhoring het hy 'n lang borselstert gegee, heeltemal te groot vir sy lyf, en vir die reuse-olifant 'n klein stertjie, heeltemal uit verhouding met sy enorme liggaam.

Toe merk koning Leeu dat die dassies nie daar was nie. Die apies het verduidelik dat die dassies te lui was om te kom. Die goeie koning gee toe vir die apies 'n bondel klein stertjies vir die dassies. Maar die apies het gou moeg geword en bind toe die ekstra sterte aan hulle eie sodat hulle ekstra lang sterte gekry het.

Toe die dassies vra waar hulle geskenke is, sê die apies wat hulle gedoen het en voeg by: "Nou kan ons die sterte nie meer los kry nie. Dit sal miskien beter wees as julle in die toekoms julle eie boodskappe oordra. Dis die enigste manier om seker te wees van die uitslag!"

En tot vandag het die lui dassies geen sterte nie.

19 Landbou, mynbou en nywerheid

The aim of this unit is to make you familiar with the South African scene.

Besoeker uit Londen

Mnr. Frank Wilson, 'n besoeker uit Londen, wil meer weet van Suid-Afrika se landbou, mynbou en nywerhede met die oog op immigrasie na Suid-Afrika. Mnr. Wilson en sy vrou, Agnes, gesels met Jan en Marie Botha oor hul toekomsplanne.

Landbou

Frank Jan, vertel my meer van julle landbou. Hoe hoog is julle reënval?

Jan In vergelyking met Engeland is Suid-Afrika 'n droë land. Maar ten spyte van langdurige droogtes voorsien Suid-Afrika in sy eie landboubehoeftes en voer ook nog baie produkte uit, soos sagtevrugte en wyn.

Agnes Waar word die meeste sagtevrugte gekweek?

Marie Hier in die Westelike Provinsie. Ons sal vir julle die boorde in Franschhoek, Paarl en Elgin gaan wys.

Agnes Ons koop elke jaar julle appels, pere en druiwe in Londen. Dit sal interessant wees om te sien waar die vrugte gekweek word.

Frank Waar is die groot sitrusplase?

Jan Daar is baie sitrus in die Kaap en in Transvaal.

Marie Het julle al ons subtropiese vrugte geproe?

Frank	Nee, nog nie. Ons is van plan om aanstaande week na Durban te gaan en pynappels, piesangs, papajas en mango's te geniet.
Jan	Maar eers moet jy gaan kyk hoe druiwe hier in die Boland gepars word en wyn, sjerrie en brandewyn gemaak word.
Agnes	Dit sal ek graag wil sien!
Jan	Maar vanaand gaan julle eers 'n tipiese Suid-Afrikaanse vleisbraai bywoon. Die skaapvleis kom van die Karoo af. Jou mond sal water!
Marie	En ek kook heerlike, vars mielies uit ons tuin.
Frank en Agnes	Dit is iets om na uit te sien. Julle is so gasvry!

met die oog op	*with a view to*
mynbou/landbou/nywerheid	*mining/agriculture/industry*
reënval	*rainfall*
ten spyte van	*in spite of*
in vergelyking met	*in comparison with*
droë	*dry*
langdurige	*extended*
droogte(s)	*drought(s)*
voorsien	*provide*
landboubehoefte(s)	*agricultural need(s)*
produk(te)	*product(s)*
sagtevrugte	*deciduous fruit*
boord(e)	*orchard(s)*
hoe druiwe gepars word	*how grapes are pressed*
sitrusplase	*citrus farms*
subtropies(e) vrugte	*subtropical fruit*
pynappels	*pineapples*
piesangs	*bananas*
papajas	*pawpaws*
mango's (veselperske)	*mangoes*
sjerrie	*sherry*
jou mond sal water	*your mouth will water*
vars mielies	*fresh mealies*
gasvry	*hospitable*

'n Besoek aan 'n plaas

Jan	Frank, julle kan nog nie sê dat julle die Suid-Afrikaanse toneel ken as julle nog nie op 'n boereplaas was nie.

Frank Dis reg. Ons wil baie graag sien wat op 'n plaas aangaan.
Jan Goed, ek neem julle vanmiddag na Piet van der Merwe se plaas.
Frank Waarmee boer hy?
Jan Met vee. Hy het skape, beeste en varke, maar hy teel ook renperde.

Jan Middag, Piet. Dis Frank Wilson. Hy oorweeg dit om na Suid-Afrika te immigreer.
Piet Goeiemiddag, mnr. Wilson. Baie welkom in Suid-Afrika.
Frank Aangename kennis, mnr. Van der Merwe. Jy het 'n mooi plaas hier.
Piet Kom kyk na my perde. Dink jy nie hierdie hings is 'n pragtige dier nie?
Jan Hy sal beslis 'n renperd word en 'n resies wen.
Frank Ek hou van daardie bruin merrie.
Piet Sy neem volgende maand deel aan die Metropolitanresies.
Jan Het sy 'n kans om te wen?
Piet Die beste Suid-Afrikaanse jokkie ry haar. O ja, ek is seker sy gaan wen.
Jan Wys vir Frank jou stoetbul.
Piet Daar is hy by die koeie.
Frank Het jy ook 'n stoetram?
Piet Ja, daar sien jy hom by die ooie.
Jan Maar waar is ons vrouens?
Piet Daar by Annie. Sy spog met haar pluimvee.
Marie Lê jou henne goed, Annie?
Annie Ja, ek verkoop eiers weekliks. My hoenderboerdery floreer. Ek slag die jong hane.
Agnes Watter ander soorte pluimvee het jy?
Annie Ek hou 'n paar kalkoene en eende aan. Ek slag die kalkoenmannetjies vir die mark. Die kalkoenwyfies moet broei.
Agnes Dis heerlik hier op die plaas. Die lug is so vars en skoon. Daar is geen besoedeling hier nie.
Marie Is jou kinders ook gelukkig op die plaas?
Annie Hulle wil nêrens anders bly nie.

Marie Sal my seun op 'n volstruis kan ry?
Annie Ek twyfel — dis 'n baie groot kuns om op 'n volstruis se rug te bly.

toneel	*scene*
plaas	*farm*
aangaan	*is going on*
boer	*farmer(n.) farm(v.)*
vee	*cattle*
skape	*sheep*
vark(e)	*pig(s)*
teel	*breed*
renperd(e)	*race horse(s)*
emigreer	*emigrate*
hings	*stallion*
resies	*race*
stoetbul	*stud bull*
merrie	*mare*
koei	*cow*
jokkie	*jockey*
stoetram	*stud ram*
ooi(e)	*ewe(s)*
spog	*boast*
pluimvee	*poultry*
lê	*lay*
hen(ne)	*hen(s)*
verkoop	*sell*
weekliks	*weekly*
hoenderboerdery	*poultry farming*
floreer	*flourish*
haan (hane)	*cock(s)*
kalkoen(e)	*turkey(s)*
eend(e)	*duck(s)*
slag	*slaughter*
kalkoenmannetjie(s)	*turkey cock(s)*
mark	*market*
kalkoenwyfie(s)	*turkey hen(s)*
broei	*breed*
volstruis	*ostrich*
twyfel	*doubt*

'n Wildplaas

Mnr. Van Wyk het baie diere op sy wildplaas. Die wildsbokke is in aparte kampe. Hy het 'n paar leeus en luiperds in hokke. Daar is ook 'n klein slangparkie waar hy verskillende soorte reptiele aanhou: slange, skilpaaie en krokodille

wildplaas	*game farm*
wildsbokke	*game*
luiperds	*leopards*
hokke	*cages*
slangparkie	*small snake park*
reptiele	*reptiles*
aanhou	*keep*
slang(e)	*snake(s)*
skilpad (skilpaaie)	*tortoise(s)*
krokodil(le)	*crocodile(s)*

Mynbou en nywerheid

Frank Die braaivleis is heerlik en jou wyn uit die boonste rakke!

Jan Frank, jou Afrikaans verbeter by die dag. Jy ken al baie idiome, nè!

Frank Ek probeer net toepas wat jy my leer. Vertel ons nou iets van julle mynbou en industrieë.

Agnes Ek wil meer weet van diamante en goud.

Marie Ja, julle mans kan maar gesels oor yster, staal en petrol. Dis genoeg vir ons vrouens om te weet van Yskor by Pretoria waar staal vervaardig word, of van Sasolburg waar petrol uit steenkool gemaak word. Maar die Groot Gat by Kimberley waar mense oor dié blink klippies vuis geslaan het en die goudmyne by Johannesburg gryp ons verbeelding aan, of hoe sê jy, Agnes? Ons hou mos baie van juwele, nè?

Agnes Ja, en moenie vergeet om my meer te vertel van die Cullinandiamant, die grootste in die wêreld nie! Al wat ek weet, is dat die Premiermyn naby Pretoria is.

Jan Dit lyk my jy het 'n studie van die weeldeartikels gemaak. Ek kan niks byvoeg nie!

Frank Nee wat, Jan, jy moet my maar 'n ander dag meer vertel van steenkool en uraan en van julle motornywerheid. Ons vrouens is tog nie daarin geïnteresseerd nie.

Jan Frank, het jy gehoor daar is aardgas by Mosselbaai? As dit lewensvatbaar is, is ons kop deur!

Frank Ons hou saam met julle duim vas.

uit die boonste rakke	*the very best*
verbeter	*improve*
toepas	*apply*
diamant(e)	*diamond(s)*
goud	*gold*
yster	*iron*
staal	*steel*
Yskor	*Iscor*
vervaardig	*manufacture*
steenkool	*coal*
Groot Gat	*Big Hole*
blink	*glittering*
klippie(s)	*stone(s) (diminutive)*
vuis	*fist*
verbeelding aangryp	*grip the imagination*
weeldeartikel(s)	*luxury(ies)*
uraan	*uranium*
motornywerheid	*motor industry*
geïnteresseerd	*interested*
aardgas	*natural gas*
lewensvatbaar	*viable*
is ons kop deur	*we will have made it*
duim vashou	*hold thumbs*

Notes

1 Die teenoorgestelde geslag word op die volgende maniere in Afrikaans uitgedruk:

(a) Die vroulike geslag word deur 'n afsonderlike woord uitgedruk:

man	**vrou**
seun	**meisie**
pa	**ma**
oupa	**ouma**
bul	**koei**
ram	**ooi**
hings	**merrie**
haan	**hen**

(*b*) Die woord **mannetjie** word aan die grondwoord gevoeg om die manlike dier te benoem en die woord **wyfie** om die vroulike dier te benoem:

kalkoen**mannetjie**	kalkoen**wyfie**
leeu**mannetjie**	leeu**wyfie**
volstruis**mannetjie**	volstruis**wyfie**

(*c*) Die agtervoegsel **-in** word aan die manlike woord geheg:

held (hero)	held**in** (heroine)

(*d*) Die agtervoegsel **-ster** word in plaas van **-er** gebruik:

bakk**er** (baker)	bak**ster**
lei**er** (leader)	leid**ster**

(*e*) Die agtervoegsel **-ise** word in plaas van **-eur** of **-or** gebruik:

akt**eur** (actor)	aktr**ise** (actress)
inspekt**eur** (inspector)	inspektr**ise** (inspectress)
direkt**eur** (director)	direktr**ise** (directress)
lekt**or** (lecturer)	lektr**ise**
eksaminat**or** (examiner)	eksaminatr**ise**

(*f*) Die agtervoegsel **-es** word aan die manlike vorm gevoeg:

onderwys**er**	onderwyser**es**

(*g*) Die agtervoegsel **-e** word aan die manlike vorm gevoeg

assistent	assistent**e**

2 (*a*) Alle woorde wat op **-o** eindig, kry -**'s** vir die **meervoud:**

foto	**foto's**
casino	**casino's**
buro	**buro's**

(*b*) Alle woorde wat op **-i** eindig, kry -**'s** vir die meervoud:

alibi	**alibi's**
rabbi	**rabbi's**

(*c*) Alle woorde wat op **-u** eindig, kry -**'s** vir die meervoud:

skadu (shade)	**skadu's**
balju (bailiff)	**balju's**

(*d*) Alle woorde wat op 'n beklemtoonde **-a** eindig (a stressed *-a*) kry **'s** vir die meervoud:

ma	**ma's**
pa	**pa's**

(e) Alle woorde wat op 'n kort onbeklemtoonde **-a** eindig, kry net 'n **s** vir die meervoud:

ouma	**oumas**
oupa	**oupas**
sofa	**sofas**

(f) As die oorspronklike Nederlandse woord op 'n **-t** geëindig het, kom die **-t** weer terug in die meervoud:

lig (Nedl. licht) (Eng. light)	**ligte**
nag (Nedl. nacht) (Eng. night)	**nagte**

(g) 'n Paar woorde neem **-ers** vir die meervoud:

kind	kind**ers**
lam	lamm**ers**

(h) Die meeste woorde kry **-e** of **-s** vir die meervoud:

-e lamp	lamp**e**
blom	blomm**e** (let op die *m* verdubbel)
bril	brill**e** (verdubbel l- om die klank kort te hou)
stoel	stoel**e**
-s seun	seun**s**
meisie	meisie**s**
tafel	tafel**s**

(i) Onthou dat net een vokaal in die meervoud gebruik word:

skool	skol**e**
boom	bom**e**
muur	mur**e**

(j) Die woord verander soms in die meervoudsvorm:

stad	**stede**
skip	**skepe**

EXERCISE 19

1 Laat Agnes vertel wat Jan gesê het.
Voorbeeld
Jan Frank, jou Afrikaans verbeter by die dag.
Agnes Jan het vir Frank gesê dat sy Afrikaans by die dag verbeter.
(a) **Jan** Frank, jy ken al baie idiome.
(b) **Jan** Agnes, dit lyk my jy het 'n studie van die weeldeartikels gemaak.
(c) **Jan** Frank, het jy gehoor daar is aardgas by Mosselbaai?

2 Skryf die volgende oor met al die dierename in die vroulike vorm:
(a) Die bul is in die kamp.
(b) Die hings is 'n goeie perd.
(c) Die skaapram is uit Spanje (Spain) ingevoer.
(d) Die haan word geslag.
(e) Die leeu het 'n kameelperd gevang.

Begrip

Raadpleeg 'n woordeboek of die woordeskatlys.

(a) Is daar vandag nog baie werkgeleenthede (work opportunities) vir professionele mense—volgens hierdie leesstuk?
(b) Watter twee faktore (factors) verplig baie pensioentrekkers om weer te gaan werk?
(c) Hoe lank is 'n gemiddelde (average) werkdag in Suid-Afrika?
(d) Kry onderwysers en dosente net een maal per jaar verlof?
(e) Kry alle werknemers in Suid-Afrika pensioenvoordele?

Die werksituasie

Die meeste goed geskoolde en professionele mense kan vandag nog 'n goeie permanente betrekking bekom, maar werk begin skaars word vir ongeskoolde werkers. Die werkloosheidsyfer onder ongeskooldes word al hoe hoër.

Die daling van die rand se waarde en die swak ekonomie verplig baie pensioentrekkers en getroude vrouens om weer tot die arbeidsmark toe te tree.

Die staat is 'n baie groot werkgewer wat duisende mense in diens het. Die industrieë en sakeondernemings in die privaatsektor gee ook aan 'n groot persentasie werknemers werk.

'n Gewone, gemiddelde werkdag in Suid-Afrika begin om 08h00 en sluit om 17h00, met een uur middagpouse.

Baie firmas het skiktyd ingestel. Dit beteken dat 'n werknemer op 'n tyd wat hom pas, mag begin werk, solank hy die vasgestelde diensure 'n week lewer.

Almal hoop dat die goudprys sal styg en dat die ekonomie sal herstel.

Die vrou kry nie altyd dieselfde salaris as die man wat dieselfde werk doen nie.

Daar is bewaarskole en kleuterskole waarheen moeders hulle babas en kleuters kan neem terwyl hulle werk.

Werknemers kry gewoonlik van drie tot vier weke verlof per jaar. Onderwysers en dosente het baie meer vakansie want onderwysinrigtings sluit meer dikwels in die jaar.

Die meeste firmas en ondernemings bied pensioenvoordele en 'n mediese skema aan hulle werknemers. Daar is egter nog baie mense wat nie hierdie voorregte het nie.

Van Pretoria na die Krugerwildtuin

Raadpleeg 'n woordeboek of die woordeskatlys.

(a) Wie se naam verbind u met Paul Krugerstraat?
(b) Watter soort bome groei langs hierdie straat?
(c) Waar begin die straat en waar eindig hy?
(d) By watter dorp, naby Pretoria, is daar 'n warmwaterbron?
(e) 'n Mens kan op twee maniere in die Pretoriase Dieretuin afkyk na die wildediere onder jou. Uit 'n . . . of uit die . . .
(f) Waar kan 'n mens verversings koop in die Dieretuin?
(g) In watter gebou kan 'n mens na lewendige seediere kyk?
(h) Waar word slange aangehou?
(i) Noem 'n ander dorp anderkant Warmbad op die grootpad na die Wildtuin?
(j) Wat noem ons iemand wat sorg dat die natuur bewaar word?

Een van die belangrikste strate van die sentrale stadsgebied van Pretoria is Paul Krugerstraat, vernoem na Paul Kruger, voormalige staatspresident van die Zuid-Afrikaansche Republiek. Die straat begin by die Pretoriase spoorwegstasie en gaan dan noordwaarts deur die digbeboude sakegebied tot by Kerkplein. Daarvandaan, in die skadu van die pragtige jakarandabome, gaan die straat by die Pretoriase Dieretuin verby na die noordelike voorstede.

Die Pretoriase Dieretuin spog met 'n mooi akwarium waar die besoeker na baie interessante visse en seediere uit alle wêrelddele kan kyk. Daar is ook 'n reptielpark met 'n groot verskeidenheid slange, akkedisse en krokodille. Die dieretuin lyk soos 'n groot park met skaduryke bome, blomme, piekniekplekke en 'n verversingskiosk. Besoekers kan in 'n kabelkar ry om na die wilde diere in 'n byna natuurlike omgewing te kyk. Vir kinders is die ape, bobbejane en sjimpansees altyd 'n groot aantrekkingskrag. Volwassenes stel gewoonlik meer daarin belang om die groot roofdiere vanuit die uitkyktoring dop te hou of om boksoorte te bewonder. 'n Rit op 'n olifant se rug sou vir die meeste kinders 'n onvergeetlike ondervinding gewees het, maar vandag moet hulle maar tevrede wees met 'n rit op 'n ponie of 'n ponie-karretjie.

Van die dieretuin af gaan Paul Krugerstraat tot by die Wonderboom, een van Pretoria se toeristeaantreklikhede. Daar eindig hy en sluit aan by die roete na Noord-Transvaal. Met hierdie hoofweg kan 'n mens ry tot jy by Warmbad kom. Hier is 'n pragtige vakansieoord by die warmwaterbron.

'n Ander mooi dorp wat met hierdie roete bereik kan word, is Tzaneen, net anderkant Magoebaskloof — 'n groen paradys. Daarvandaan swaai die pad ooswaarts na die beroemde Krugerwildtuin, ook vernoem na die groot staatsman president Paul Kruger, wat 'n groot natuurbewaarder was.

20 Kultuur

In this unit you will be introduced to some aspects of South African culture.

Kuns en letterkunde

Frank Jan, vertel my meer van julle kuns en letterkunde. Ek het al van Pierneef, Boonzaaier en van Maggie Laubscher se skilderye gesien en het ook al van julle skrywers en digters, Langenhoven, Eugène Marais en Breyten Breytenbach gehoor.

Jan Frank, ek verbaas my oor alles wat jy reeds weet.

Agnes Moenie hom so vlei nie. Netnou verbeel hy hom hy weet genoeg.

Marie Ja, ek verwonder my ook oor sy intense belangstelling in ons kuns en kultuur.

Frank Julle weet mos ons wil ons hier vestig. Ek het al gedigte van A. G. Visser, Leipoldt, Olga Kirsch en Sheila Cussons gelees.

Marie Ek skaam my dat ek self nie genoeg kennis het nie.

Frank Jan, jy moet ons julle volkslied leer. Ek bekommer my dat ek en Agnes net piekniekliedjies soos Sarie Marais en Jan Pierewiet ken.

Marie Toe maar, ek leer gou vir julle die eerste vers van Die Stem van Suid-Afrika. Hier is dit met die Engelse vertaling daarby. Die wysie is baie maklik. (Hulle sing saam)

Jan Ek het vir ons plek bespreek vir die opera *Aïda*.

Agnes Baie dankie – dit sal ons geniet!

Marie Ons sal die oggend in die stad by die kunsmuseum deurbring. Moenie julle verslaap nie. Ons het tyd nodig om julle ons kunstenaars se meesterwerke te wys.

Agnes Ons sal vroeg opstaan! Ek is gretig om Van Wouw en Moerdyk se beelde te sien en kan nie wag om Hugo Naudé, Walter Battis, Irma Stern en Maud Sumner se skilderye te sien nie!

letterkunde	*literature*
skrywers	*authors*
digters	*poets*
intens(e)	*intense*
belangstelling	*interest*
vestig	*settle*
kennis	*knowledge*
volkslied	*national anthem*
piekniekliedjies	*picnic songs*
toe maar (interjection)	*don't worry*
vers	*verse*
Die Stem van Suid-Afrika	*The Voice of South Africa*
wysie	*tune*
meesterwerke	*masterpieces*

Onderwys

Agnes Marie, kan ek my tweeling wat nou vier jaar oud is, in 'n kleuterskool sit as ons hierheen verhuis?

Marie Ja, daar is 'n hele paar goeie kleuterskole in hierdie voorstad.

Agnes Vertel my asseblief meer van julle onderwysstelsel.

Marie Kinders van ses jaar is skoolpligtig. Dit beteken hulle moet dan skool toe gaan. Hulle bly dan in die primêre skool tot aan die einde van standerd 5. Dan gaan hulle hoërskool toe, waar hulle aan die einde van standerd 10 matrikuleer. Vir tersiêre opleiding kan hulle na 'n opleidingskollege, 'n technikon of 'n universiteit gaan.

Frank Is universiteitstudie gratis?

Jan O nee, ons ouers moet maar opdok. Studente kan egter beurse en lenings kry.

Frank Hoeveel universiteite is daar in Suid-Afrika?

Jan Op die oomblik is daar die groot afstandsuniversiteit, Unisa (die Universiteit van Suid-Afrika) waar duisende studente, selfs uit ander wêrelddele, deur middel van korrespondensie studeer. Dan is daar die Universiteit van Pretoria (UP), die Universiteit van die Witwatersrand in Johannesburg, die Randse Afrikaanse Universiteit, ook in Johannesburg, die Potchefstroomse Universiteit, die Universiteit van die Oranje-Vrystaat, die Natalse Universiteit, Rhodes in Grahamstad, die Universiteit van Port Elizabeth, die Universiteit van Stellenbosch en die Universiteit van Kaapstad. Verder is daar universiteite in die Nasionale state vir Swartes en ook 'n afstandsuniversiteit Vista. Indiërs besoek veral die Universiteit Durban-Westville terwyl Kleurlinge aan die Universiteit van Wes-Kaapland studeer. Die Mediese Universiteit van Suider-Afrika (Medunsa) naby Pretoria trek studente van baie Afrikastate.

tweeling	*twins*
voorstad	*suburb*
onderwysstelsel	*education system*
skoolpligtig	*compelled to go to school*
skoolplig	*compulsory education*
Primêre	*Primary*
Standerd	*Standard*
tersiêre	*tertiary*
opleidingskollege	*training college*
beurs(e)	*bursary(ies)*
lening(s)	*loan(s)*
opdok	*pay up*
afstandsuniversiteit	*correspondence university*
wêrelddele	*parts of the world*
state	*states*
Mediese Universiteit van Suider-Afrika	*Medical University of Southern Afrika (Medunsa)*

Gebruike en gewoontes

Frank Vertel ons 'n bietjie meer van die tradisies van die inheemse rasse.

Jan Die Ngunivolke soos die Zoeloes is baie lief vir krale wat hulle baie kunstig kan inryg. Die interessantste is hulle liefdesbriewe. Elke kleur kraal het sy eie betekenis. Julle sal van hierdie pragtige kralewerk sien as julle in Natal kom.

Marie 'n Ander Nguniras wat ook pragtige kralewerk doen, is die Ndebele. Hulle versier ook hulle huise met baie kunstige patrone. Die Ndebelevrouens dra dik kleurryke kralebande om hulle nekke, bene en arms.

Agnes Watter vrouens dra lang rokke, groot kopdoeke en rook lang pype?

Marie Dis die getroude Xhosavroue. Die jong meisies mag nie so 'n pyp rook nie.

Agnes Ons het na die permanente uitstalling oor die Boesmans en hulle gebruike in die Kaapse museum gaan kyk. Veral hul musiekinstrumente en jaggewoontes is vir my baie interessant.

Frank Suid-Afrika is 'n land met baie toeristeaantreklikhede.

Jan Julle sal seker ook na die casino's aan die Wilde Kus in die Transkei en by Sun City in Bophuthatswana gaan.

Frank Ek sal so 'n bietjie gaan dobbel, maar ons wil baie graag die skouspelagtige vertonings in Sun City en die groot gholftoernooi sien.

Agnes As ons eers hier woon, moet ons saam gaan toer.

Marie Dis 'n uitstekende plan.

gebruike en gewoontes	*customs and habits*
tradisie(s)	*tradition(s)*
inheemse	*indigenous*
ras(se)	*race(s)*
Ngunivolke	*Nguni peoples*
kraal (krale)	*bead(s)*
kunstig	*artistic*
inryg	*string*
kralewerk	*bead work*
patroon/one	*pattern(s)*
kleurryke	*colourful*
kopdoeke	*headgear*
uitstalling	*exhibition*
musiekinstrument(e)	*musical instrument(s)*
jaggewoonte(s)	*hunting habit(s)*
toeristeaantreklikhede	*tourist attractions*

casino('s)	*casino(s)*
dobbel	*gamble*
skouspelagtige	*spectacular*
gholftoernooi	*golf tournament*

Notes

1 The subject and the predicate that follow the **reflexive verb** refer to the same person:

ek *verbaas* **my** oor	*I am amazed at*
hy *verbeel* **hom**	*he imagines*
ek *verwonder* **my**	*I am surprised at*
ons wil **ons** hier *vestig*	*we want to settle here*
ek *skaam* **my**	*I am ashamed*
ek *bekommer* **my**	*I am worrying about*
julle *verslaap* **julle**	*you oversleep*

2 The subjunctive mood

(a) Ek sou gaan as ek kon.	*I would go if I could.*
(b) Wat sou jy gedoen het as jy geld gehad het?	*What would you have done if you had money?*
(c) Ek sou oorsee gaan reis het.	*I would have gone overseas.*
(d) Dit sou kon gebeur het.	*That could have happened.*
(e) Ek sou hom wou besoek het, maar ek het nie geweet waar om hom te kry nie.	*I would have liked to visit him, but I did not know where to find him.*

3 Find more abbreviations in your dictionary.

Universiteit van Suid-Afrika	**UNISA**
Universiteit van Pretoria	**UP**
Universiteit van Stellenbosch	**US**
Universiteit van Kaapstad	**UK**
Universiteit van Witwatersrand	**WITS**
Universiteit van Wes-Kaapland	**UWK**
Universiteit van Port Elizabeth	**UPE**
Die Randse Afrikaanse Universiteit	**RAU**

Key to the Exercises

Exercise 1

1 *(a)* Reg.
(b) Verkeerd, Rita is mnr. Brits se sekretaresse.
(c) Reg.
(d) Verkeerd, Peter kom van Zimbabwe af.
(e) Reg.

2 *(a)* Rita.
(b) Vyf uur.
(c) Sheila.
(d) Hy kom van Skotland af.
(e) In die raadskamer.

Exercise 2

1 *(a)* Verkeerd, sy is getroud.
(b) Verkeerd, hy is 'n prokureur.
(c) Reg.
(d) Verkeerd, sy werk in mnr. Brown se kantoor/sy is mnr. Brown se tikster.
(e) Reg.

2 *(a)* Sy is 'n tikster.
(b) Niks.
(c) Sy woon in Hoofweg 34, Pretoria-Noord.
(d) Hy is 'n prokureur.
(e) Drie.

Exercise 3

1 *(a)* Vier.
(b) Die twee seuns.
(c) In die kleuterskool.
(d) Sy doen naaldwerk.
(e) Piet se pa.
(f) Na Kaapstad.
(g) Piet se ma wil by die kus wees.
(h) In Durban.

2 *(a)* Hettie het nie gaan perd ry nie.
(b) Dirk gaan nie vis vang nie.
(c) Sannie swem nie.
(d) Sy gaan nie eiers uithaal nie.
(e) Ma is nie moeg nie.

3 *(a)* Jy was siek.
(b) Hettie het op die ponie gery.
(c) Dirk het 'n vis gevang.
(d) Sannie het geswem.
(e) Ouma en Oupa het verhuis.

Exercise 4

1 *(a)* Mnr. Swart is op die vierde verdieping, kamer drie.
(b) Mev. Brink is op die eerste verdieping, kamer twee en twintig.
(c) Mnr. Brown is op die vyfde verdieping, kamer dertig.
(d) Mej. MacDonald is op die negende verdieping, kamer ses en twintig.
(e) Mnr. Smith is op die agste verdieping, kamer vier en veertig.

2 *(a)* naby.
(b) links, aan die linkerkant.
(c) groot.
(d) links.
(e) goed.

3 *(a)* Elf rand, vyf en sewentig sent.
(b) Twee en twintig rand, tagtig sent.
(c) ('n) Honderd rand.

(*d*) Ag en tagtig rand, vier en veertig sent.
(*e*) Vyftig rand, dertig sent.

Exercise 5

1 (*a*) Mnr. Brits se telefoon is beset.
(*b*) Paul is 'n chirurg by die algemene hospitaal.
(*c*) Gert is 'n tegnikus by 'n fabriek.
(*d*) By die kollege.
(*e*) Hy wil 'n joernalis word.

2 (*a*) ons s'n.
(*b*) joune?
(*c*) se, syne.

3 (*a*) mooier; mooiste.
(*b*) kleiner; kleinste.
(*c*) stouter; stoutste.

Exercise 6

1 (*b*)
2 (*b*)
3 (*b*)
4 (*c*)

5 (*a*) Ja, hy reis terug per vliegtuig.
(*b*) Nee, sy neem hom nie stasie toe nie.
(*c*) Nee, hy is laat.
(*d*) Ja, hy reis na Kimberley.
(*e*) Ja, sy het dit bespreek.

6 (*a*) Die trein kom om agt uur aan.
(*b*) Ek beveel hierdie restaurant aan.
(*c*) Ek klim om sewe–uur op.
(*d*) Ek woon die klas by.
(*e*) Die sekretaresse skakel my deur.

Exercise 7

1 (*a*) Aandete word van ses tot sewe dertig nm. bedien.
(*b*) Toebroodjies en tee word in die gas se kamer bedien.
(*c*) Nee, daar was nie 'n bababed in die kamer nie.
(*d*) Sy wil akkommodasie vir die gas reël.
(*e*) Ja, mev. Benade het die laaste kamer met 'n see-uitsig gekry.

2 (*a*) Ek het u gister teruggeskakel.
(*b*) Hy het sy kamer gister bespreek.
(*c*) Mnr. Botha het gister ontbyt geëet.
(*d*) Die kelner het gister aandete bedien.
(*e*) Die gas het die brosjure gister geneem.

3 (*a*) Mnr. Botha sal môre 'n telegram stuur.
(*b*) Die gas sal môre 'n kamer met 'n see-uitsig kry.
(*c*) Die ontvangsdame sal môre vir 'n bababed reël.
(*d*) Mev. Benade sal die boodskap môre lees.
(*e*) Hy sal die register môre teken.

Exercise 8

1 (*a*) Dit is drie–uur.
(*b*) Dit is kwart oor ses.
(*c*) Dit is vyf en twintig voor nege.
(*d*) Dit is tien oor vyf.
(*e*) Dit is kwart oor elf.
(*f*) Dit is twintig voor sewe.

2 (*a*) (v)
(*b*) (ix)
(*c*) (iii)
(*d*) (i)
(*e*) (ii)
(*f*) (x)
(*g*) (vi)
(*h*) (viii)
(*i*) (iv)
(*j*) (vii)

3 (*a*) Om kwart voor elf voormiddag.

- *(b)* Om half–agt voormiddag.
- *(c)* Nee, om kwart voor elf voormiddag, nie om nege–uur nie.

4 *(a)* jou
(b) myne, joune.
(c) u, sy
(d) sy
(e) u
(f) sy, haar
(g) hulle s'n
(h) ons s'n
(i) u s'n
(j) haar
(k) hulle
(l) julle s'n, dit, hulle s'n
(m) John se, sy
(n) mnr. Smith se, hom

5 *(a)* Om elf namiddag.
(b) Om nege namiddag.
(c) Ja.
(d) Nee.
(e) Om agt voormiddag.

Exercise 9

1 *(a)* Ek het *niks* hier gesien nie.
(b) Nee, ek het jou boek *nêrens* gesien nie.
(c) Nee, daar is *niemand* by die huis/tuis nie.

2 *(a)* (iii)
(b) (iii)
(c) (ii)
(d) (ii)
(e) (ii)

Exercise 10

1 *(a)* Skep die kos asseblief.
(b) Gee die suiker asseblief aan.
(c) Berei die groente voor.
(d) Klim van die trein af.
(e) Woon die vergadering asseblief by.

2 *(a)* potjie
(b) teelepeltjie
(c) stukkie
(d) glasie
(e) blikkie
(f) bordjie
(g) pannetjie
(h) messie
(i) vurkie
(j) broodjie

3 *(a)* (iii)
(b) (iv)
(c) (ii)
(d) (ii)

Exercise 11

1 *(a)* afhaal
(b) bêre
(c) uittrek
(d) hang
(e) droogskoonmakers . . . neem.

2 *(a)* (viii)
(b) (v)
(c) (vii)
(d) (ii)
(e) (iii)
(f) (ix)
(g) (iv)
(h) (vi)
(i) (i)
(j) (x)

Exercise 12

1 *(a)* mooiste
(b) dommer
(c) beste
(d) duurder
(e) meeste

2 *(a)* Reg.
(b) Verkeerd, nie te kort nie.
(c) Verkeerd, hy skeer hom altyd self.

(*d*) Verkeerd, sy koop kosmetiek by die apteek.
(*e*) Verkeerd, hy wil 'n tydelike lid van die biblioteek word.
(*f*) Reg.
(*g*) Reg.

3 (*a*) daarmee
(*b*) daarvan
(*c*) daarop
(*d*) waarvan
(*c*) waaraan

Exercise 13

1 (*a*) Verkeerd, albei operettes is vol bespreek.
(*b*) Verkeerd, Johan wil in die disko gaan dans.
(*c*) Verkeerd, Alida het nie daarvoor lus nie. Sy wil gaan kaart speel.
(*d*) Reg.
(*e*) Reg.

2 (*a*) jammer
(*b*) vriendelike
(*c*) uitnodiging
(*d*) aanvaar
(*e*) reeds
(*f*) afspraak
(*g*) kleurskyfies

3 (*a*) (v)
(*b*) (vi)
(*c*) (i)
(*d*) (ii)
(*e*) (iii)
(*f*) (vii)
(*g*) (iv)

4 (*a*) (iv)
(*b*) (iii)
(*c*) (iii)
(*d*) (iii)

5 (*a*) lui, bel
(*b*) vervelig
(*c*) weet
(*d*) ken
(*e*) verveeld

6 (*a*) kombuistee
(*b*) om te studeer nie
(*c*) oor 'n week

7 (*a*) Môre sal sy gaan werk.
(*b*) Gister het my neef vertrek.
(*c*) Hier is jou klere.
(*d*) Aanstaande jaar gaan my broer Londen toe.
(*e*) 'n Rukkie gelede was sy hier.

Exercise 14

1 (*a*) (iv)
(*b*) (v)
(*c*) (vi)
(*d*) (vii)
(*e*) (viii)
(*f*) (iii)
(*g*) (i)
(*h*) (ii)

2 (*a*) Ek sal wag totdat jy gereed is.
(*b*) Jy skakel jou pa omdat jy geld wil hê
(*c*) Jy moet jou rekening betaal voordat jy weer iets koop.
(*d*) Jy moet jou rekening betaal anders sny ons jou telefoon af.
(*e*) Ek bel van die telefoonhokkie af want my telefoon is buite werking.
(*f*) Michael neem 'n vorm en skryf 'n telegram.
(*g*) Dis Sondae goedkoper, daarom moet u Sondae skakel.
(*h*) Jy wil Durban toe skakel, maar jy het nie genoeg muntstukke nie.
(*i*) Jy betaal jou televisielisensie voor einde Oktober of jy kry 'n boete.

3 (*a*) As jy 'n seël op 'n brief plak, kan jy die brief gaan pos.

(*b*) As jy 'n muntstuk in die gleuf gooi, kan jy bel.
(*c*) As jy klaar is, moet jy die gehoorstuk ophang.
(*d*) As jy 'n telegram wil stuur, moet jy 'n vorm invul.

4 (*a*) Moenie die beampte vra nie!
(*b*) Moenie jou vader dadelik skakel nie!
(*c*) Moenie 'n 10-sentstuk in die gleuf plaas nie!
(*d*) Moenie blokletters gebruik nie!
(*e*) Moenie na die toonbank langsaan gaan nie!

5 (*a*) (iv)
(*b*) (v)
(*c*) (ii)
(*d*) (iii)
(*e*) (i)

Exercise 15

1 (*a*) In die *Pretoria News* van 11 Februarie.
(*b*) Sy is getroud.
(*c*) Ses jaar.
(*d*) Sy het 'n spesiale kursus in woordverwerking gevolg.
(*e*) Londen en Johannesburg
(*f*) By die Tegniese Kollege in Johannesburg.
(*g*) Sy het Brink en Seun se sekretaresse geskakel.
(*h*) Ja.
(*i*) Mnr. Brink sê dat die suksesvolle kandidaat tot sekretaresse bevorder kan word.
(*j*) In mnr. Brink se kantoor.

2 (*a*) Reg.
(*b*) Verkeerd. Sy het die afgelope jaar oudio-tik en woordverwerking by 'n prokureursfirma in Johannesburg gedoen.
(*c*) Reg.
(*d*) Reg.
(*e*) Verkeerd. Die kliënte is hoofsaaklik Afrikaanssprekend, maar baie is Engelssprekend.

Exercise 16

1 (*a*) Verkeerd, die motors ry buffer teen buffer.
(*b*) Reg.
(*c*) Verkeerd, die motoris moet by die rooi verkeerslig wag/stilhou.
(*d*) Verkeerd, die brandstof het opgeraak.
(*e*) Reg.

2 (*a*) No right turn.
(*b*) No overtaking.
(*c*) No u-turn.

3 (*a*) (v)
(*b*) (i)
(*c*) (iv)
(*d*) (iii)
(*e*) (ii)

4 (*a*) (iv)
(*b*) (i)
(*c*) (v)
(*d*) (iii)
(*e*) (ii)

5 (*a*) vat
(*b*) opgeraak
(*c*) battery
(*d*) koppelaar
(*e*) gat
(*f*) inruil

6 (*a*) Die motoris het die joggie gevra om tien liter petrol in te gooi.
(*b*) Die joggie het die sleutel gevra.
(*c*) Die motoris het geantwoord dat die tenk oop is.
(*d*) Die joggie wou weet of die olie reg is.

(*e*) Die motoris het bevestigend geantwoord (ja gesê) en die joggie gevra om die bande te pomp.
(*f*) Die joggie wou weet hoeveel.
(*g*) Die motoris het gesê net soos hy hulle die vorige week gepomp het.

Exercise 17

1 (*a*) tandarts
(*b*) tandpyn
(*c*) inspuiting
(*d*) narkotiseur
(*e*) chirurg

2 (*a*) Ons lug word deur fabrieksrook besoedel.
(*b*) Vuil lug word deur ons ingeasem.
(*c*) Ons moet deur psigiaters behandel word.
(*d*) Medisyne word deur die dokter voorgeskryf.
(*e*) Die pasiënt word deur die suster verpleeg.

3 (*a*) Verkeerd, die lug is besoedel.
(*b*) Verkeerd, die mediese wetenskap weet wat om te gebruik om die mens gesond te hou.
(*c*) Reg.
(*d*) Verkeerd, psigiaters moet ons behandel vir stres en spanning wat ons maklik depressief maak.
(*e*) Reg.

Exercise 18

1 (*a*) Verkeerd, Dis in die Transvaal.
(*b*) Reg.
(*c*) Reg.
(*d*) Verkeerd. Hulle het heerlike weer gehad.
(*e*) Verkeerd. Hulle het smôrens vroeg na die diere gaan kyk en saans om die vleisbraaivure gesit en na almal se stories geluister.
(*f*) Verkeerd. Hulle was in 'n luukse rondawel.

2 (*a*) (iv)
(*b*) (v)
(*c*) (x)

3 (*a*) vinniger, vinnigste
(*b*) lekkerder, lekkerste
(*c*) gewilder, gewildste
(*d*) kouer, koudste
(*e*) beter, beste

4 (*a*) primitiewe
(*b*) uitgestrekte
(*c*) heerlike
(*d*) noordelike
(*e*) wilde
(*f*) luukse
(*g*) onvergeetlike
(*h*) slegte
(*i*) pragtige
(*j*) sagte

Exercise 19

1 (*a*) Jan het aan Frank gesê dat hy al baie idiome ken.
(*b*) Jan het aan Agnes gesê dat dit vir hom lyk of sy 'n studie van weeldeartikels gemaak het.
(*c*) Jan het aan Frank gevra of hy gehoor het daar is aardgas by Mosselbaai.

2 (*a*) Die koei is in die kamp.
(*b*) Die merrie is 'n goeie renperd.
(*c*) Die skaapooi is uit Spanje ingevoer.
(*d*) Die hen word geslag.
(*e*) Die leeuwyfie het 'n kameelperd gevang.

Afrikaans-English Vocabulary

aan *to*
aanbeveel *recommend*
aanbeveling *recommendation*
aanbied *offer (v)*
aanbod *offer (n)*
aand *evening*
aandag *attention*
aandenking *souvenir*
aandete *dinner*
aan die gang *on, showing*
aandpak *dress suit*
aandui *indicate*
aangee *pass, hand on*
aangenaam *pleasant*
aangename kennis *how do you do?*
aangesien *seeing that, since*
aangryp *grip*
aanhou *keep, hold the line*
aankoms *arrival*
aanmoedig *encourage*
aanpak *attempt*
aansit *put on*
aansluit *join*
aansoek *application*
aansoek doen *apply*
aanstaande *next*
aanstel *appoint*
aanstellingsbrief *letter of appointment*
aanstellingstelegram *telegram of appointment*
aantal *number*
aantrek *put on*
aantreklik *attractive*
aanvaar *accept*
aanvaarding *acceptance*
aanvaardingstelegram *telegram of acceptance*
aanvangsdatum *commencement date*
aan wie? *to whom?*
aap *monkey*
aarbei *strawberry*
aardgas *natural gas*
aartappel *potato*
adres *address*
adverteer *advertise*
advertensie *advertisement*
advokaat *advocate*
af *off*
afdelingswinkel *department store*
afdwaal *stray*
afgelope *past*
afhaal *take off*
afklim *step down*
aflaai *unload*
aflewer *deliver*
afmeting *measurement*
Afrikaans *Afrikaans*
afskakel *switch off*
afskryf *write off*
afslag *discount*
afsny *cut off*
afspraak *appointment*
afstandsuniversiteit *correspondence university*
aftree *retire*
aftrek *pull off*
ag/agt *eight*
agste *eighth*
agter *behind, slow*
agtien *eighteen*
ai! *ah! (exclamation)*
akkedis *lizard*
akkommodasie *accommodation*
aksie *action*
akteur *actor*
aktrise *actress*
akwarium *aquarium*
albei *both*
algemene *general*

alle *all*
alleen *lonely*
allerlei *all kinds of*
alles reg *everything is fine*
almal *everyone*
altwee *both*
altyd *always*
ambulans *ambulance*
ambulanspersoneel *ambulance staff*
amper *almost, nearly*
amptelike tale *official languages*
ander *another, other*
antwoord *answer, reply*
apart *separate, apart*
appel *apple*
applikant *applicant*
April *April*
apteek *chemist, pharmacy*
apteker *chemist*
arbeidsmark *labour market*
arm *poor (a), arm (n)*
armhorlosie *wrist watch*
arriveer *arrive*
as *if*
asseblief *please*
assistent-sekretaresse *assistant secretary*
asyn *vinegar*
atleet *athlete*
atletiek *athletics*
Augustus *August*
AVB (Algemene Verkoopsbelasting *GST (General Sales Tax)*
avontuur *adventure*

baadjie *jacket*
baai *bay, bathe*
baaier *bather*
baan *court*
baba, babatjie *baby*
bababed *cot*
babaklere *baby wear*
bad *bath*
badkamer *bathroom*
bagasie *luggage*
bagasiebak *boot*
baie *much, many, plenty*
bakker *baker*
bakkie *bowl*
bal *ball*
balans *balance*
baljaar *romp*
ballerina *ballerina*
ballet *ballet*
balju *bailiff*
band *tyre*
bank *bank*
bankrot *bankrupt*
barbier *barber*
bars *burst*
battery *battery*
beantwoord *answer*
beboude gebied *built-up area*
bed *bed*
bedaar *calm down*
bedank *thank, refuse, resign*
bedankingstelegram *telegram of refusal*
bederf *spoil*
bedien *serve*
bediende *servant*
bedompig *humid*
bedrag *amount*
bedreig *threaten*
bedreiging *menace, threat*
been *leg, bone*
beesfilet *fillet steak*
beesvleis *beef*
begin *begin, start*
beginnersklas *class for beginners*
begrafnis *funeral*
begrip *understanding, comprehension*
begroting *budget*
behalwe *except*
behandel *treat*
behoort *belong, should*
behou *keep*
bekendste *best known*
bekendstelling *introduction*

bekommer *worry*
bel *phone, ring*
belangrik *important*
belangstel *take an interest*
beoefen *practise*
beplan *plan*
bêre *put away*
bereid *prepared*
berg *mountain*
beroemd *famous*
beroep *occupation, profession*
beseerde *injured*
besending *consignment*
beset *engaged*
besienswaardigheid *sight*
besig *busy*
besit *possess, own*
beskawing *civilisation*
beskikbaar *available*
beslis *definitely*
besoedel *pollute*
besoedeling *pollution*
besoek *visit*
besoeker *visitor*
besoekersboek *visitor's register*
besonderhede *details*
bespaar *save*
bespreek *book, reserve*
bespreking *reservation*
beste *best*
bestel *order*
bestudeer *study*
bestuur *drive, manage*
bestuurder *manager*
beswaar *objection*
beswyk *die*
betaal *pay*
beteken *mean*
beter *better*
betrekking *post*
betyds *on time*
beurs *purse, bursary*
bevat *contain*
bevestig *confirm*
bevorder *promote*
bevordering *promotion*
bewaarskool *crèche*
beweeg *move*
bewering *statement*
bewolk *cloudy, overcast*
bewonder *admire*
bewys *receipt, prove*
biblioteek *library*
bibliotekaris *librarian*
bier *beer*
bietjie *little*
bikini *bikini*
biljart *billiards*
binnekort *soon, shortly*
binnelands *inland*
binnenshuis *indoors*
bioskoop *cinema*
bitter *bitter*
blaarslaai (kropslaai) *lettuce*
blik *tin*
blikkieskos *tinned food*
blind *blind*
blink *glittering, shiny*
bloed *blood*
bloeding *bleeding, haemorrhage*
bloedrooi *blood red*
bloese *blouse*
blok *block*
blokletters *capital/block letters*
blom *flower*
blou *blue*
blus *extinguish*
bly *remain (v), glad, pleased (a)*
bly te kenne *pleased to meet you*
bo *above*
bobbejaan *baboon*
boek *book*
boekhouding *bookkeeping*
boer *farmer*
Boesmans *Bushmen*
boete *fine*
boetekaartjie *traffic ticket*
bogenoemde *above-mentioned*
bokser *boxer*
bondel *bundle*
bonustjek *bonus cheque*
boodskap *message*

boom *tree*
boonop *as well*
boor *drill*
boord *orchard*
boot *boat*
bord *plate*
borrie *turmeric*
bors *chest*
borsel *brush*
bosbok *bushbuck*
bosvark *bush pig*
Botaniese Tuine *Botanical Gardens*
botsing *collision*
bottel *bottle*
botter *butter*
bouer *builder*
braai *fry*
braaivleis *barbecue, braai*
brand *fire (n), burn (v)*
brandstof *fuel*
brandweer *fire brigade*
breek *break*
brief *letter*
briefkaart *letter card*
bril *glasses, spectacles*
bring *bring*
broei *brood*
broer *brother*
bron *spring*
brood *bread*
brosjure *brochure*
bruin *brown*
bruinsuiker *brown sugar*
buffel *buffalo*
buffer *bumper*
bui *shower*
buig *bend*
buisie *small tube*
buite *outside*
buitelug *out of doors*
buite werking *out of order*
bul *bull*
buro *bureau*
bus *bus*
bushalte *bus stop*
busrooster *bus timetable*
buurdorp *neighbouring town*
by *at, with*
bykom *get hold of, regain consciousness*
byt *bite*
byvoeg *add*
byvoordele *fringe benefits*
bywoon *attend*
bywoord *adverb*
bywoordelik *adverbial*

casino *casino*
chaos *chaos*
chirurg *surgeon*
croquet (kroukie) *croquet*

daagliks *daily*
daar *there*
daaraan *to it*
daar agter *there at the back*
daardie *that, that one, those*
daarin *in that*
daarmee *with that*
daarna *afterwards*
daarom *therefore*
daarop *on it*
daarvan *of it*
daarvoor *for it*
dadelik *immediately*
dag *day*
dagkliniek *day clinic*
dagtaak *daily task*
dagvaarding *summons*
dam *dam*
dambord *draughts*
dame *lady*
damesafdeling *ladies' department*
dameshaarkapster *ladies' hairdresser*
dankbaar *grateful*
dankie *thank you*
dans *dance*
darem *really*
das *tie*
dassie *rock rabbit*

dat *that*
datum *date*
deelneem *take part*
deftig *smart*
dek *set (v)*
dekor *décor*
deponeer *deposit (v)*
deposito *deposit (n)*
depressief *depressive*
depressiwiteit *depression*
derde *third*
derdepartyversekering *third party insurance*
dertien *thirteen*
dertig *thirty*
Desember *December*
dessertvurk *dessert fork*
deur *door, through*
diamant *diamond*
die *the*
dié *this*
dieet *diet*
diens *service*
diensopsegging *resignation*
dier *animal*
diereparadys *animal paradise*
dieretuin *zoo*
dieselfde *the same*
digter *poet*
dikwels *often*
ding *thing*
dink *think*
Dinsdag *Tuesday*
diploma *diploma*
direk *directly*
direkteur *director*
dis *it's*
diskoteek *disco, record library*
dissipline *discipline*
dis te seer *it hurts too much*
dit *this*
dobbel *gamble*
doel *purpose*
doen *do, perform*
dogter *girl, daughter*
dokter *doctor*
dolgraag *ever so much*
dom *stupid*
donderbui *thunder shower*
Donderdag *Thursday*
donker *dark*
doodspuit *anaesthetise*
doof *deaf*
doop *christening*
dophou *watch*
dorp *town, village*
dors *thirsty*
dosent *lecturer*
dosyn *dozen*
dra *wear, carry*
draagbaar *stretcher*
draai *turn*
drama *drama*
drasties *drastic*
drie *three*
dringend *urgent*
drink *drink*
drinkgoed *beverages*
drinkpan *watering pan*
droë *dry*
droog *dry*
droogblaas *blow wave*
droogskoonmaker *dry-cleaner*
droogte *drought*
druiwe *grapes*
druk *press, squeeze*
duideliker *clearer*
duik *dent*
duim *thumb*
duisend *thousand*
dus *thus*
duur *expensive*
dwarsdeur *throughout*
dwerg *dwarf*

eekhoring *squirrel*
een *one*
eend *duck*
eenheid *unit*
eensaam *lonely*
eerlik *honest*
eers *first*

eerskomende *forthcoming, next*
eerste *first*
eerste klas *first class*
eet *eat*
eetgewoonte *eating habit*
eetkamer *dining room*
eetservies *dinner-service, dinner-set*
eeu *century, age*
eggenoot *husband*
eggo *echo*
egter *however*
eie *own*
eienaar *owner*
eienaardige *funny, strange*
eiendomsagent *estate agent*
eiendomsagentskap *estate agency*
eier *egg*
einde *end*
ek *I*
ek gaan *I am going to*
ekologie *ecology*
ekonomies *economical*
eksamen *examination*
eksaminator *examiner*
ekskuus *pardon*
ekstra *extra*
ek wil *I want to (wish to)*
ek wou graag *I would have liked to*
elegant *elegant*
elektries *electrical*
elektriese ware *electrical appliances*
elementêr *elementary*
elf *eleven*
elfde *eleventh*
elke *every*
emigreer *emigrate*
en *and*
Engels *English*
enige *any*
enigiets *anything*
enkel *single*
enkele *a few*
enkelkamer *single room*
enorm *enormous*
ent *short distance*
erediens *church service*
êrens *somewhere*
erg *bad*
erken *acknowledge*
ernstig *serious*
ertjie *pea*
ervare *experienced*
ervaring *experience*

fabriek *factory*
fabrieksafval *factory waste*
fabrikaat *make*
faktor *factor*
familie *family, relatives*
Februarie *February*
fee *fairy*
ferm *firm (a)*
fiets *bicycle*
fietsry *cycling*
fiks *fit*
Filistyn *Philistine (uncultured person)*
film *film*
firma *firm (n)*
firmamotor *company car*
fliek *go to the movies*
floreer *flourish*
fooitjie *tip*
foonoproep *phone call*
forel *trout*
formeel *formal*
foto *photo*
fout *mistake*
frustrasie *frustration*

gaaf *fine*
gaan *go, going to*
garnaalkelkie *shrimp cocktail*
gas *guest*
gastetoilet *guests' toilet*
gasvry *hospitable*
gat *hole*
gebeur *happen*
gebied *area*

geboorte *birth*
gebou *building*
gebruik *use (v)*
gebruik *custom (n)*
gedeeltelik *partially, partly*
gedig *poem*
geduldig *patient*
gedurende *during*
gee *give*
geel *yellow*
geen *none*
geesdriftig *enthusiastic*
gegee *given*
gegewensrekord *curriculum vitae*
geheim *secret*
gehoor *heard, audience*
gehoorsaam *obey (v), obedient (a)*
geïnteresseerd *interested*
gekwalifiseerd *qualified*
geld *money*
gelede *ago*
geleë *situated*
geliefkoosde *favourite*
Geloftedag *Day of the Vow*
gelukkig *happy, fortunate*
gemaalde beesvleis *minced beef*
gemaalde skaapvleis *minced mutton*
gemaklik *comfortable*
gemiddeld *average*
gemsbok *gemsbok, gazelle*
geniet *enjoy*
genoeg *enough*
genot *pleasure*
gepars *pressed*
gereed *ready*
gereeld *regularly*
gesellig verkeer *socialise*
gesin *family*
Gesinsdag *Family Day*
gesinslewe *family life*
geskei *divorced*
geskenk *gift*
geskep *created*
geskiedkundig *historic*
geskokte *shocked*
geskoolde *skilled*
geslaag *passed*
gesmeerde *smeared, painted*
gesond *well*
gesonde *healthy*
gesondheid *health*
gespanne *tense*
gesprek *conversation*
gestroom *streamed*
gestudeer *studied*
getroud *married*
getuig *testify*
gevolglik *as a result*
geweldig *terrible*
gewig *weight*
gewild *popular*
gewone *ordinary*
gewoond *used to*
gewoonlik *usually*
gewoonte *habit*
gholf *golf*
gholftoernooi *golf tournament*
gids *guide*
gil *yell*
gillend *yelling*
gimnastiek *gymnastics*
gips *plaster (of Paris)*
gister *yesterday*
glad nie *not at all*
glansstroke *highlights*
glas *glass*
glasware *glassware*
glo *believe*
gly *slip*
God *God*
godsdienstig *religious*
goed *good, well*
goed gaar *well done*
goedkoop *cheap*
goeie *good*
Goeie Vrydag *Good Friday*
gou *quick, quickly*
goud *gold*
goudgeel *golden yellow*
graad *degree*
gram *gram*

gras *grass*
grasgroen *green as grass*
gratis *free, gratis*
grimeer *to make up*
grimering *make-up*
groei *grow*
groen *green*
groente *vegetables*
groete *regards, greetings*
grond *ground, soil*
grondverdieping *ground floor*
grootte *size*
grot *cave*
gryp *grab*
grys *grey*
gunsteling *favourite*

haal *fetch*
haan *cock*
haar *her, hair*
haarkapper *hairdresser*
haarself *herself*
haas *hurry, hasten*
haastig *hurried*
half *half*
halfgaar *underdone*
hallo *hallo*
hand *hand*
handel *commerce, trade*
handtekening *signature*
hang *hang*
hanteer *handle*
hanteerbaar *manageable*
happie *bite*
hard *hard, loud*
hardloop *run*
hare *hair, hers*
hartkwale *heart diseases*
hawehoof *jetty*
heel *whole*
heeltemal *altogether*
heerlik *delicious, great*
heide *heath*
heks *witch*
held *hero*
heldin *heroine*
help *help*
Hemelvaartdag *Ascension Day*
hemp *shirt*
hen *hen*
hengel *angle*
hengelaar *angler*
herdenking *anniversary*
herenig *reunite*
herfs *autumn*
herinnering *memory*
herken *recognise*
heuning *honey*
heup *hip*
hier *here*
hierdie *this, these*
hierheen *here, hither*
hiermee *with this*
hieronder *below this*
hings *stallion*
hmm *uhm*
hoe? *how?*
hoe laat? *what time?*
hoed *hat*
hoek *corner*
hoender *chicken, fowl*
hoenderboerdery *poultry farming*
hoër graad *higher grade*
hoërskool *high school*
hoesmiddel *cough mixture*
hoëtroustel *hi-fi set*
hoeveel? *how much? how many?*
hoewel *although*
hof *court*
hok *cage*
hokkie *hockey*
hom *him*
homself *himself*
hond *dog*
honderd *hundred*
honger *hungry*
honneursgraad *honours degree*
hoofgereg *main dish*
hooflynoproep *trunk-call*
hoofpyn *headache*
hoofsaaklik *mainly*
hoofweg *main road*

hoog *high*
hoop *hope*
hoor *hear*
horing *horn*
horlosie *watch*
hospitaal *hospital*
hotel *hotel*
hou *keep*
hou van *like*
huis *house*
huis toe *home*
huishoudelik *domestic*
huisves *accommodate*
hulle *they*
hulleself *themselves*
hulle s'n *theirs*
huur *let, rent*
huurmotor *taxi*
huurmotorbestuurder *taxi driver*
huwelik *marriage*
huwelikstaat *marital status*
huweliksuitset *trousseau*
hy *he*
hyser *lift*

idee *idea*
idioom *idiom*
iemand *someone*
iets *something*
immigrant *immigrant*
immigrasie *immigration*
in *in*
inasem *inhale*
in besit van *in possession of*
indiensneming *employment*
indruk *push in (v), impression (n)*
informeel *informal*
ingemaakte *canned, tinned*
ingenieur *engineer*
ingooi *put in*
inheems *indigenous*
inkopies *shopping*
inligting *information*
innige *deepest*
inrig *provide, prepare*
inrigting *institution*
inruil *trade in*
inryg *string*
inskep *dish up*
inspekteur *inspector*
inspuiting *injection*
intens *intense*
interessant *interesting*
internasionale *international*
intussen *meanwhile*
in verband met *in connection with*
invoer *import*
invoerders *importers*
invul *fill in, complete*

ja *yes*
jaag *race*
jaar *year*
jaarliks *yearly, annually*
jaggewoonte *hunting habit*
jakaranda *jacaranda*
jaloers *jealous*
jammer *sorry*
ja-nee *sure*
Januarie *January*
jas *coat*
joernalis *journalist*
jokkie *jockey*
jong *young*
jongmens *youngster*
jongste *youngest, latest*
jonk *young*
joune, u s'n *yours*
jouself, uself *yourself*
juffrou *miss*
jukskei *jukskei*
Julie *July*
julle, u *you*
julleself, uself *yourselves*
julle s'n *yours*
Junie *June*
juweel *jewel*
juweliersware *jewellery*
jy, u *you (singular)*
jy moes *you had to*

kaart *map, card*
kaartspeletjie *card game*
kaartjiesondersoeker *ticket examiner*
kaartjieskantoor *ticket office*
kaas *cheese*
kabaret *cabaret*
kabel *cable*
kabeljou *cod, kob*
kafeteria *cafeteria*
kalkoen *turkey*
kalkoenmannetjie *turkey cock*
kalkoenwyfie *turkey hen*
kalm *calm (a)*
kalmeer *calm (v)*
kameelperd *giraffe*
kam *comb*
kamer *room*
kamera *camera*
kamerstel *bedroom suite*
kamp *camp (n)*
kampeer *camp (v)*
kan *can*
kandidaat *candidate*
kans *chance*
kant *side*
kantoor *office*
kantooradministrasie *office administration*
kantoorklerk *office clerk*
kantoornommer *office number*
kantoorwerk *office work*
kap *chop*
kasset *cassette*
kat *cat*
KBA (kontant by aflewering) *COD (cash on delivery)*
keel *throat*
keeltablet *throat tablet*
keer *stop*
kelderverdieping *basement*
kelner *waiter*
ken *know*
kennis *knowledge*
kennis gee *give notice*
kennisgewingbord *notice board*
kerk *church*
kerriepoeier *curry powder*
Kersfees *Christmas*
kilogram *kilogram*
kiloliter *kilolitre*
kilometer *kilometre*
kind *child*
kinderklere *children's clothes*
kinders *children*
klaar *finished, already*
klas *class*
klavier *piano*
klein *small*
kleinbordjie *side plate*
kleindogter *granddaughter*
kleingeld *change*
kleinhoewe *smallholding*
kleinkind *grandchild*
kleinseun *grandson*
klere *clothes*
kleur *colour, tint*
kleurryk *colourful*
kleurskema *colour scheme*
kleurskyfie *colour slide*
kleuterskool *nursery school*
kliënt *client*
klimaat *climate*
klink *sound*
klippie *stone (diminutive)*
klits *beat*
klomp *a lot*
klompie *small number*
klub *club*
knal *crack*
knie *knee*
knippie *pinch*
knoop *button*
koedoe *kudu*
koei *cow*
koel *cool*
koeldrank *cold drink, soft drink*
koepee *coupé*
koerant *newspaper*
koerantadvertensie *newspaper advertisement*

koerantrubriek *newspaper column*
koffer *suitcase*
koffie *coffee*
kollega *colleague*
kollege *college*
kom *come*
kom aan *arrive*
kombuis *kitchen*
kombuisbenodigdhede *kitchen requirements/utensils*
kombuistee *kitchen tea*
komedie *comedy*
kommentaar *commentary*
kommissie *commission*
kommunikeer *communicate*
kompak *compact*
kompartement *compartment*
kompartementnommer *compartment number*
koms *arrival*
kon *could*
kondukteur *conductor*
koning *king*
konsert *concert*
kontant *cash*
kontroleer *control*
kontroleondersoek *check up*
kook *cook, boil*
koop *buy, purchase*
koors *fever*
koorsig *feverish*
kop *head*
kopdoek *scarf*
koppelaar *clutch*
koppie *cup*
korrespondensie *correspondence*
kort *short*
kos *food (n), cost (v)*
kosmetiek *cosmetics*
kosvoorraad *provisions*
koud *cold*
kouse *hosiery, stockings*
kraal *bead*
kralewerk *bead work*
kramery *haberdashery*
krap *scratch*
kredietkaart *credit card*
kreefkelkie *crayfish/lobster cocktail*
krieket *cricket*
krokodil *crocodile*
kronkel *wind (v)*
Krugerdag *Kruger Day*
kruideniersware *groceries*
kruier *porter*
kruip *crawl*
kruisskyf *rump steak*
krukke *crutches*
kry *find, get*
kudde *herd*
kuier *visit*
kultuur *culture*
kuns *art*
kunsgalery *art gallery*
kunstenaar *artist*
kunstig *artistic*
kurk *cork*
kursus *course*
kus *coast*
kussing *cushion, pillow*
kwaai griep *bad flu, influenza*
kwalifikasie *qualification*
kwartier *a quarter of an hour*
kweek *grow*
kyk *watch, look*

laag *low*
laai *drawer*
laaste *last*
laat *late, let, leave*
laerskool *primary school*
Laeveld *Lowveld*
lag *laugh*
laken *sheet*
lam *lamb*
lamp *lamp*
landbou *agriculture*
landboubehoefte *agricultural need*
lang, lank *long*
langdurig *extended*

langs *next to*
langsaan *next door*
lanklaas *a long time ago*
later *later*
lawaai *noise*
lê *lay, lie down*
leef *live*
leer *teach, learn*
leerware *leatherware*
lees *read*
leeu *lion*
leeuwyfie *lioness*
leier *leader*
lek (n) *puncture*
lekker *nice, pleasant, sweet (n)*
lekkers *sweets*
lektor *lecturer*
lelik *ugly*
lemmetjie *lime*
lemoen *orange*
lemoenblaar *orange leaf*
lemoensous *orange sauce*
lengte *length*
lening *loan*
lente *spring*
lepel *spoon*
les *lesson*
letterkunde *literature*
leunstoelsportmense *armchair sportsmen*
lewe *life*
lewendig *lively, alive*
lewensvatbaar *viable*
lewenswyse *lifestyle*
lewer (v) *produce, deliver*
lid *member*
liefde *love*
liewer *rather*
lig *light*
liggaam *body*
ligroos, pienk *pink*
linne *linen*
links *left*
lipstiffie *lipstick*
liter *litre*
lok *attract*
longkwaal *lung disease*
loop *go, walk*
los *loose*
lourierblaar *bay leaf*
lug *air*
lugpos *airmail*
lui *ring (v), lazy (a)*
luiperd *leopard*
luister *listen*
luukse *luxury (n), luxurious (a)*
lus hê *feel like*
lyf *body*
lyk *look*
lys *list*

ma *mother*
maag *stomach*
maak *make*
maak gou *hurry up*
maal (v) *mince*
maalgat *pot-hole*
maaltyd *meal*
maand *month*
Maandag *Monday*
maar *but*
Maart *March*
maatjie *companion*
maer *skinny, thin*
mag *may*
maklik *easy*
maksimum *maximum*
mal oor *mad about*
man *man, husband*
mango (veselperske) *mango*
manier *manner*
manlik *masculine, male*
manshaarkapper *barber*
mansklere *men's clothing*
mark *market*
masker *mask*
massa *mass*
mat *carpet*
matig *mild, moderate*
matrikulasiesertifikaat *matriculation certificate*
matrikuleer *matriculate*

matrone *matron*
mediese *medical*
medisyne *medicine*
medium *medium*
meegevoel *sympathy*
meenthuis *town house*
meer *more*
meeste *most*
meesterwerk *masterpiece*
Mei *May*
meisie *girl, girlfriend*
mejuffrou, juffrou *Miss*
mekaar *each other*
meld *state (v)*
melk *milk*
memorandum *memorandum*
meneer (mnr.) *Mr*
meng *mix*
menigte *crowd*
mening, opinie *opinion*
mens *person*
menslike *human*
merrie *mare*
mes *knife*
messegoed *cutlery*
met *with*
meter *metre*
meubels *furniture*
meubelwinkel *furniture store*
mevrou (mev.) *Mrs*
middag *afternoon*
middestad *city centre*
mielies *mealies*
milliliter *millilitre*
millimeter *millimetre*
min *little*
minuut *minute (n)*
miskien *perhaps*
miskolle *fog patches*
modeontwerpster *fashion designer*
modern *modern*
modewinkel *fashion boutique*
moedeloos *despondent*
moeg *tired*
moeilik *difficult*
moeilikheid *problem, difficulty*
moeite *trouble*
moes *had to*
moet *must*
mond *mouth*
mooi *pretty*
moontlik *possible*
moontlikheid *possibility*
môre *tomorrow, morning*
môreaand *tomorrow evening*
môreoggend *tomorrow morning*
motor *car, motorcar*
motorafdak *carport*
motorfiets *motor cycle*
motorfietsryer *motor cyclist*
motorhawe *garage*
motoris *motorist*
motornywerheid *motor industry*
motorry *driving a car*
motreën *drizzle*
munisipaliteit *municipality*
museum *museum*
musiekinstrument *musical instrument*
musiekkamer *music room*
muur *wall*
muurbal *squash*
muurrakkie *shelf on a wall*
my *my*
mynbou *mining*
myne *mine*

'n *a, an*
na *to*
naaldwerk *sewing*
naam *name*
naamlik *namely*
naaste *nearest*
naburige *neighbouring*
naby *nearby, close*
nadat *after*
nader *nearer*
naderkom *approach*
naelpolitoer *nail varnish/polish*
nag *night*
nagereg *dessert*

nagklub *night club*
narkose *anaesthetic*
narkotiseur *anaesthetist*
nasien *check*
nasionaliteit *nationality*
nat *wet*
natuurbewaring *nature conservation*
natuurlik *naturally*
natuurreservaat *nature reserve*
natuurtoneel, natuurtonele *scene, scenery*
navraag *enquiry*
navrae *enquiries*
naweek *week-end*
nè? *isn't that so?*
nee dankie *no thanks*
neem *take*
nege *nine*
negende *ninth*
negentien *nineteen*
negentig *ninety*
nek *neck*
nêrens *nowhere*
net *only*
netbal *netball*
netjies *neat*
netnou *in a moment, before long, presently*
neus *nose*
nie *not*
niemand *nobody*
niks *nothing*
nodig *necessary*
noem *call, mention*
nog *still, another*
nog iets *something else*
nommer *number, size*
nood *emergency*
noodhulp *first aid*
noodlottig *fatal*
nooi *invite*
nooit weer *never again*
noordelik *northern*
noordwaarts *northward*
nou *now*
nou net *a minute ago, just*
nou-nou *presently, soon*
November *November*
nuus *news*
nuuskierig *curious, inquisitive*
nuwe *new*
Nuwejaarsdag *New Year's Day*
nywerheid *industry*

oefening *exercise*
of *or*
Oktober *October*
olie *oil*
olifant *elephant*
om *around, at*
omdat *because*
omgewing *vicinity*
omstander *onlooker*
omtrent *about, approximately*
onaangetas *untouched*
onbeskryflik *indescribable*
ondankbaar *ungrateful*
onder *below, under*
onderaan *below*
onder andere *amongst others*
onderdaan *subject*
onderhoud *interview*
onderklere *underclothes, lingerie*
onderlaag *foundation cream*
ondersteun *support*
ondertoe *downwards*
ondervinding *experience*
onderworpe aan *subject to*
onderwyser *teacher (m)*
onderwyseres *teacher (f)*
onderwysinrigting *educational institution*
onderwysstelsel *education system*
ongeduldig *impatient*
ongeluk *accident*
ongelukkig *unhappy, unfortunately*
ongeskool *unskilled*
ongetroud *unmarried*
onhigiënies *unhygienic*

onnodig *unnecessary*
onprofessioneel *unprofessional*
onreëlmatig *irregular*
ons *we, us*
onskuldig *innocent*
ons sal *we shall*
onsself *ourselves*
ons s'n *ours*
ontbied *summon*
ontbyt *breakfast*
ontevrede *dissatisfied*
onthou *remember*
ontkleedans *strip tease*
ontmoet *meet*
ontslaan *discharge (v)*
ontspan *relax*
ontspanning *relaxation*
ontvang *receive*
ontvangsdame *receptionist*
ontvangstoonbank *reception*
ontwaterde *dehydrated*
ontwikkel *develop*
ontwrig *disrupt*
onveranderd *unchanged*
onvergeetlik *unforgettable*
oog *eye*
ooggetuie *eye-witness*
ooi *ewe*
ook *also*
oomblik *moment*
oop *open (a)*
oor *over, ear*
oorgenoeg *more than enough*
oorlede *deceased*
oorkant *opposite*
oorlewingsuitrusting *survival kit*
oorsee *overseas*
oorskry *exceed*
oorslaan *change over*
oorspronklik *original*
oortree *trespass*
oorweeg *consider*
ooste *east*
ooswaarts *eastward*
op *on*
opdok *pay up*
opgeskep *dished up*
opera *opera*
operasie *operation*
operette *operetta*
opgewonde *excited*
opinie *opinion*
opklaar *clear*
opklim *board*
opknapper *conditioner*
oplaai *give a lift, come to fetch*
oplei *train*
opleidingskollege *training college*
oplos *solve*
opstandig *rebellious*
optel *pick up*
opvoering *play*
opvraging *withdrawal*
opwen *wind (up)*
opwinding *excitement*
oral *everywhere*
oranje *orange*
organisasie *organisation*
orgidee *orchid*
orkes *orchestra*
oseaan *ocean*
otter *otter*
oud *old*
ouderdom *age*
ouderdomsgroep *age group*
oudio-tik *audio-typing*
ouderwets *old-fashioned*
oudste *eldest, oldest*
ouens *guys*
ouerloos *without parents*
ouers *parents*
ouma *gran, granny*
oupa *granddad*
outyds *old-fashioned*

pa *dad, father*
paar *few*
pad *road*
padveiligheid *road safety*
pak *pack*
pakket *parcel*
pakkie *parcel*

pakplek *storage, storing space*
pan *pan*
panoramies *panoramic*
pap (a) *flat*
papaja *pawpaw*
paradys *paradise*
parfuum *perfume*
parkeer (v) *park*
parkeerplek, parkering *parking*
parlement *parliament*
pas *fit, suit*
pasiënt *patient*
paskamer *fitting room*
passasier *passenger*
patroon *pattern*
pawiljoen *pavilion*
peer *pear*
pendelaar *commuter*
pensioen *pension*
pensioenskema *pension scheme*
pensionaris *pensioner*
peper *pepper*
per *by*
perdry *horse-riding*
permanent *permanent*
permanente golwing *permanent wave (perm)*
perron *platform*
pers *mauve, purple*
persent *per cent*
persentasie *percentage*
perske *peach*
persoonlik *personal*
pet *cap*
petroljoggie *pump attendant*
piekniekliedjie *picnic song*
piesang *banana*
pikswart *pitch black*
pil *pill*
plaas *farm, put (v), place (v)*
plaaslik *local*
plant *plant*
plaat *record*
platsak *penniless*
plek *place*
plesier *pleasure*
plig *duty*
plooi *wrinkle*
pluimvee *poultry*
plus *plus*
poeding *pudding*
poeier *powder*
polisie *police*
polshorlosie *wrist watch*
pomp *pump*
ponie *pony*
pop *doll*
populêr *popular*
pos *post, mail*
posgeld *postage*
poskantoor *post office*
poskantoordiens *post office service*
poskaart *post card*
posorder *postal order*
posseël (seël) *postage stamp, stamp*
poswissel *money order*
poste restante *poste restante*
pot *pot*
potblou *bright blue*
pouse *interval*
praat *speak*
pragtig *beautiful*
prakties *practical*
president *president*
presies *precisely, exactly*
primêre *primary*
primitief *primitive*
privaat *private*
probeer *try*
probleem *problem*
produk *product*
proe *taste*
professioneel *professional*
program *programme*
projek *project*
prokureur *lawyer*
prokureursfirma *firm of lawyers*
protea *protea*
prys *price*
prysklas *price class*

psigiater *psychiatrist*
puberteit *puberty*
publiek *public*
puik *excellent*
punt *point*
pyltjie *dart*
pyn *pain*
pynappel *pineapple*
pyp *pipe*

raad *advice, council, counsel*
raadpleeg *consult*
raadskamer *boardroom*
radio *radio*
raket *racquet*
ram *ram*
rand *rand*
ras *race*
ratel *honey badger*
ratkas *gearbox*
reaksie *reaction*
reël *arrange*
reëling *ruling, regulation*
reëlmatig *regular*
reën *rain*
reënjas *raincoat*
reënval *rainfall*
referent *referee*
reg *right, correct*
register *register (n)*
registreer *register (v)*
regmaak *repair*
reg rondom *all round*
regs *right*
regssekretaresse *legal secretary*
regterkant *right-hand side*
regtig *really*
reguit *straight*
reinigingsroom *cleansing cream*
reis *journey, travel*
rekenaarwetenskap *computer science*
rekening *account*
rekenmeester *accountant*
rem *brake*
remme *brakes*
renoster *rhinoceros*
renperd *race horse*
reparasie *repair (n)*
Republiekdag *Republic Day*
reptiel *reptile*
res *rest*
resep *recipe*
resies *race (n)*
respek *respect (n)*
respekteer *respect (v)*
restaurant *restaurant*
retoer *return*
retoerkaartjie *return ticket*
reuse *gigantic*
rewolwer *revolver*
rig *direct, point*
rit *drive, ride*
rivier *river*
roeier *rower*
roer *stir*
roete *route, trail*
rok *dress*
rol *roll, role*
rolbal *bowls*
rolletjies *rolls*
rolprent *movie*
roltrap *escalator*
romp *skirt*
rondawel *rondavel*
rondstamp *push around*
roofdier *predator*
rooi *red*
rooibok *impala*
rook *smoke*
rookgoed *smokes, smoking paraphernalia*
rookmis *smog*
room *cream, crème*
roomys *ice-cream*
roos *rose*
rosyne *raisins*
rots *rock*
rottangwerk *wickerwork*
rug *back*
rugby *rugby*
rugbywedstryd *rugby match*

ruik *smell*
rukkie *little while*
rus *rest*
ry *ride, drive*
rykdom *wealth*
ryp *ripe*
rys *rice*

saak *matter*
saamryklub *lift club*
saamstem *agree*
saans *in the evening*
saggies *softly*
sago *sago*
sagtevrugte *deciduous fruit*
sak *pocket*
sake *business*
sal *shall, will*
salarisskaal *salary scale*
sambreel *umbrella*
SAUK (Suid-Afrikaanse Uitsaaikorporasie) *SABC (South African Broadcasting Corporation)*
sand *sand*
sap *juice*
sardiens *sardines*
sat *tired*
Saterdag *Saturday*
sê *say, tell*
sebra *zebra*
sedanmotor *sedan*
sedert *since*
see *sea*
seekoei *hippopotamus*
seekos *seafood*
seën *bless*
seer *ache, sore*
seker *certainly*
sekretaresse *secretary (f)*
sekretaris *secretary (m)*
seiljag *yacht*
seiljagvaarder *yachtsman*
seilplank *sailboard*
seilplankry *windsurfing*
sekondêr *secondary*
sekuriteitsbeampte *security officer*
selde *seldom*
self/myself *self/myself*
selfs nie *not even*
senior *senior*
senior burger *senior citizen*
sensitief *sensitive*
sentimeter *centimetre*
sentrale *central (a), exchange (n)*
September *September*
sertifiseer *certify*
servet *napkin*
ses *six*
sesde *sixth*
sestien *sixteen*
sestig *sixty*
seun *son, boy*
sewe *seven*
sewende *seventh*
sewentien *seventeen*
sewentig *seventy*
siek *sick, ill*
sien *see*
sigaret *cigarette*
Sigeunerbaron *Gypsy Baron*
silinder *cylinder*
silwer *silver*
silwerware *silverware*
simfonie-orkes *symphony orchestra*
sing *sing*
sit *sit*
sitkamer *lounge*
sitkamerstel *lounge suite*
sitplek *seat*
sitrusplaas *citrus farm*
situasie *situation*
sjampoe *shampoo*
sjerrie *sherry*
sjimpansee *chimpanzee*
skaak *chess*
skaam *ashamed*
skaap *sheep*
skaapboud *leg of mutton*
skaars *scarce, hardly*

skadu *shade*
skakel *dial, ring, contact*
skakeltoon *dial tone*
skare *crowd*
skat *darling, dear, sweetheart*
skeer *shave*
skema *scheme*
skep *dish up, create*
skeppie *helping*
skiboot *ski boat*
skielik *suddenly*
Skiereiland *Peninsula*
skiktyd *flex(i)time*
skilderagtig *picturesque*
skildery *painting*
skilpad *tortoise*
skitterend *brilliant*
skoen *shoe*
skok *shock*
skool *school*
skoolplig *compulsory education*
skoolvakansie *school holiday*
skoon *clean (a)*
skoonheidsalon *beauty parlour*
skoonheidsmiddels *cosmetics*
skoonmaak *clean (v)*
skoot *shot*
skop *kick*
skouer *shoulder*
skouspelagtig *spectacular*
skraler *slimmer*
skree *screech, scream*
skriftelik *in writing*
skryfbehoeftes *stationery*
skrywer *author, writer*
skuld *owe (v), debt (n)*
slaag *succeed, pass*
slaan *hit*
slaap *sleep*
slaapkamerstel *bedroom suite*
slag *crash (n), slaughter (v)*
slagoffer *victim*
slang *snake*
slangpark *snake park*
sleg *bad, badly*
sleg voel *feel bad*
sleutel *key*
slim *clever*
slinger *fling*
slukkie *draught, sip*
sluitingsdatum *closing date*
smaak *taste*
smaaklik *tasty*
smeek *beg*
sneeuwit *snow white*
snelheid *speed*
snelheidsgrens *speed limit*
snelheidsmeter *speedometer*
snelstrik *speed trap*
snoeker *snooker*
sny *cut, slice*
sodat *so that*
soek *look for, search*
sofa *sofa, couch*
sogenaamd *so-called*
so groen soos gras *as green as grass*
sokkie *sock*
solank *for the time being*
somer *summer*
sommer *just*
Sondag *Sunday*
sonnig *sunny*
sonrok *sundress*
sonstoep *sun porch*
soogdier *mammal*
soom *hem*
soos *as*
so pas *just*
soplepel *soup spoon*
sorg *take care*
sorgvuldig *careful(ly)*
sou *would*
sout *salt*
sowat *about, roughly*
spaar *save*
spaarbankboekie *savings bank book*
spaargeld *savings*
spanning *tension*
speelgoed *toys*
speelgoedafdeling *toy department*

speelgoedtreintjie *toy train*
speelgroep *play group*
speletjie *game*
spesiaal *special*
spierwit *white as snow*
spitstyd *peak hour*
spoed *speed*
spoedig *soon*
spoel *spool*
spog *boast*
spoorweg *railway*
sportdrag *sports wear*
sportheld *sports hero*
sportsoort *kind of sport*
sportief *sportingly*
spreekkamer *consulting room*
Springbokspan *Springbok team*
spyskaart *menu*
staal *steel*
staatsbos *state forest*
Staatsteater *State Theatre*
stad *city*
stadsaal *city hall*
staking *strike*
stam *tribe*
standerd *standard*
stap *walk*
stapper *hiker*
stasie *station*
stasiewa *station wagon*
staat *state*
steenkool *coal*
stelp *stop, stanch, staunch*
stem *voice*
sterk *strong*
stert *tail*
steurgarnaal *prawn*
Stigtingsdag *Founders' Day*
stilstand *standstill*
stoeier *wrestler*
stoel *chair*
stoep *veranda*
stoetbul *stud bull*
stoetram *stud ram*
stop *stop*
storie *story*
stormwind *fierce wind*
stort *shower*
strand *beach*
streel *soothe*
strek *stretch*
streng *strict*
stres *stress*
strooikostuum *straw costume*
struik *shrub*
studeer *study (v)*
studie *study (n)*
stukkend *broken*
stukkie *piece*
stuur *send*
styg *rise*
styl *style*
subskripsie *subscription*
subtropies *subtropical*
suidwaarts *southward*
suiker *sugar*
sukkel *struggle*
suksesvol *successful*
suster *sister*
suurlemoen *lemon*
suurlemoenblare *lemon leaves*
suurlemoensap *lemon juice*
swaai *swing*
swaar *heavy*
swak *weak*
swart *black*
swem *swim*
swembad *swimming pool*
swempak *bathing suit*
swerm *swarm*
sy *she, his*
syne *his*

taamlik *fairly*
tabak *tobacco*
tafel *table*
tafeldek *setting a table*
tafeldoek *table cloth*
tafelmes *table knife*
tafeltennis *table tennis*
tafelvurk *table fork*
tagtig *eighty*

tak *branch*
tamatie *tomato*
tand *tooth*
tandarts *dentist*
tandpyn *toothache*
tarief *tariff*
taxi/huurmotor *taxi*
tee *tea*
teatersuster *theatre sister*
teel *breed*
teen *against*
teenstelling *opposite*
tegnies *technical*
tegnikus *technician*
tegnologie *technology*
te huur *to let*
teken *sign*
te koop *for sale*
telefoon *telephone*
telefoongids *telephone directory*
telefoonrekening *telephone account*
telegram *telegram*
televisie *television*
televisielisensie *television licence*
temperatuur *temperature*
tenk *tank*
ten minste *at least*
tennis *tennis*
ten spyte van *in spite of*
tent *tent*
tersiêr *tertiary*
terug *back*
terugskakel *call back*
te veel *too much, too many*
terwyl *while*
tevrede *satisfied*
T-hemp *T-shirt*
tien *ten*
tiende *tenth*
tiener *teenager*
tienerafdeling *teenage department*
tienjarige *ten-year-old*
tikster *typist*
tipiese *typical*
tjekboek *cheque book*
toe *closed, then*
toebroodjie *sandwich*
toekoms *future*
toe maar *don't worry*
toepas *apply*
toeristeaantreklikhede *tourist attractions*
toeristeburo *tourist bureau*
toeskouer *spectator*
toeter *hooter*
toets *test*
toevlugsoord *sanctuary*
tog *surely, yet*
toneelopvoering *play*
toneelspel *acting*
tongvis *sole*
toon *toe*
toonbank *counter*
top! *agreed!*
toring *tower*
tot *until*
totale wrak *total wreck*
totdat *until*
tot siens *goodbye*
towenaar *wizard*
tradisie *tradition*
tragedie *tragedy*
tragies *tragic*
trap *stair*
trappe van vergelyking *degrees of comparison*
tref *hit*
treffend *stunning*
trein *train*
treinreis *journey by train*
trek *draw, pull, extract*
trop *herd*
trots op *proud of*
trui *pullover, jersey*
tuin *garden*
tuingereedskap *garden equipment, tools*
tuinmaak *gardening*
tuis *at home*
twaalf *twelve*
twaalfde *twelfth*

twak *tobacco*
twee *two*
tweede *second*
tweeling *twins*
tweetalig *bilingual*
twyfel *doubt*
tyd *time*
tydelik *temporary, temporarily*
tydskrif *magazine*

ui *onion*
uitdaging *challenge*
uiteindelik *eventually*
uitgaan *go out*
uitgeput *exhausted*
uitgestrek *vast*
uithaal *collect, take out*
uitlaatgasse *exhaust fumes*
uitnodiging *invitation*
uitnooi *invite*
uitpak *unpack*
uitroei *exterminate*
uitsig *view*
uitslag *result*
uitstalling *exhibition*
uitstappie *excursion*
uitstekend *excellent*
uitlaatpyp *exhaust pipe*
uittrek *undress, withdraw*
uitverkoping *sale*
uitvoer *export*
uniek *unique*
universiteit *university*
uraan *uranium*
urelank *for hours*
uself *yourself*
uur *hour*

vak *subject*
vakansieoord *holiday resort*
vakant *vacant*
vakature *vacancy*
valhelm *crash helmet*
van *surname (n), of (p)*
vanaand *this evening, tonight*
vandag *to-day*
vanmiddag *this afternoon*
vark *pig*
varktjops *pork chops*
vars *fresh*
vashou *hold*
vasmaak *fasten*
vasry *drive into, collide with*
vasstel *fix, ascertain*
vaste *permanent*
vatbaar *susceptible*
vee *livestock, cattle*
veertien *fourteen*
veertig *forty*
veilig *safe*
veiligheidsgordel *safety belt*
veld *veld, field*
veldskool *initiation school*
veldtog *campaign*
ver *far*
veral *especially*
verander *change*
verantwoordelik *responsible*
verbaas *amazed*
verbeel *imagine*
verbeelding *imagination*
verbeter *improve*
verbind *link*
verblyf *stay*
verbrands! *damn it!*
verby *past*
verbygaan *pass, go past*
verbyganger *passer-by*
verbysteek *overtake*
verdieping *floor*
verduidelik *explain*
verduideliking *explanation*
verduur *endure*
verdwaal *lost, stray*
vereiste *requirement*
vergadering *meeting*
vergeet *forget*
vergelyk *compare*
vergelyking *comparison*
verhouding *relation*
verhuis *move*
verjaardag *birthday*

verkeer *traffic*
verkeerd *wrong*
verkeersbeampte *traffic officer*
verkeersboete *traffic fine*
verkeersknoop *traffic jam*
verkeerslig *robot, traffic light*
verkeerspolisie *traffic police*
verkeersreëls *traffic rules*
verkies *prefer*
verkoop *sell*
verlaat *leave*
verlang *miss, desire*
verlede *past*
verleë *embarrassed*
verlies *loss*
verlof *leave*
verlofvoordele *leave benefits*
verloofde *fiancé, fiancée*
verloor *lose*
vermaak *entertainment*
verminder *cut, decrease*
vernoem *name after*
verplaas *transfer*
verpleegster *nurse*
verrassing *surprise*
vers *verse*
verseker *insure*
versier *decorate*
versigtig *careful*
verskeidenheid *variety*
verskil *differ (v), difference (n)*
verskillend *different*
verskoon *excuse*
verskyn *appear*
verslaap *oversleep*
verslae *dumbfounded*
verspreide *scattered*
verstaan *understand*
verstel *alter*
verteenwoordiger *representative*
vertel *tell*
vertolk *interpret*
vertolking *interpretation*
vertoning *show*
vertrek *leave (v), room (n)*
vertroue *confidence*
vervaardig *manufacture*
verveeld *bored*
vervelig *boring*
verversings *refreshments*
vervoer *transport*
verwag *expect*
verward *confused*
verwerf *obtain*
verwonderd *surprised*
verwysing *reference*
vestig *settle*
vet *fat*
vier *four*
vierde *fourth*
vinger *finger*
vinnig *fast*
vir *for, to*
vis *fish*
visgereedskap *fishing tackle*
vissersboot *fishing boat*
vissershawe *fishing harbour*
visvang *fish*
vla *custard*
vlei *flatter*
vleis *meat*
vloei *flow*
vlieg *fly*
vliegtuig *aeroplane*
vlug *flight*
vlugbal *volley ball*
voegwoord *conjunction*
voel *feel*
voet *foot*
voetbal *football*
voetslaner *hiker*
voertuig *vehicle*
vogroom *moisturiser*
vol *full*
volgafstand *following distance*
volgende *next*
volheid *body (hairdressers' term)*
volkoring *wholewheat*
volkslied *national anthem*
volledig *complete*
volop *abundant*
volstruis *ostrich*

voltooi *complete*
volume *volume*
voor *in front*
voorbeeld *example*
voorberei *prepare*
voordat *before*
voorgereg *hors d'oeuvre*
voorkop *forehead*
voorletters *initials*
voormalige *former*
voorname *christian names*
voorreg *privilege*
voorsien *provide*
voorsitter *chairman*
voorskrif *prescription*
voorskryf *prescribe*
voorspoedig *prosperous*
voorstad *suburb*
voorstel *introduce (v), proposal (n)*
voort *ahead*
voortand *front tooth*
voorval *incident*
vorentoe *forward*
vorige *previous*
vorm *form*
vra *ask*
vraag *question*
vragmotor *lorry*
vriend *friend (m)*
vriende besoek *visit friends*
vriendelik *friendly*
vriendelikheid *kindness*
vriendin *friend (f)*
vrieshok *freezing compartment*
vroeg *early*
vroegtydig *in good time*
vrou *wife, woman*
vrouens *wives, women*
vrugte *fruit*
vrugteloos *fruitless*
vrugteslaai *fruit salad*
vry *free*
Vrydag *Friday*
vryf *rub*
vuil *dirty*
vuis *fist*
vulstasie *filling station*
vurk *fork*
vuur *fire*
vuurhoutjie *match*
vyf *five*
vyfde *fifth*
vyftig *fifty*
vyfuur *five o'clock*

waakeenheid *intensive care unit*
waar? *where?*
waarborg *guarantee*
waarde *value*
waarheen? *where?*
waarmee? *with what?*
waarom? *why?*
waarop? *on what?*
waarsku *warn*
waarskynlik *probably*
waarvan? *of which?*
waarvandaan? *from where?*
waarvoor? *what for?*
wag *wait*
wagkamer *waiting room*
wandelpad *hiking trail*
wandelaar *walker, hiker*
wanneer? *when?*
want *because*
warm *hot*
was *wash*
wasbak *wash-basin*
wasgoed *washing*
waskamer *laundry*
wat *who, which, that*
wat? *what?*
waterglybaan *water chute*
watter? *which?*
weduwee *widow*
wedstryd *match*
week *soak*
weekliks *weekly*
weeldeartikels *luxuries*
Weense worsies *Vienna sausages*
weer *again, weather*
weerberig *weather report*

weervoorspelling *weather forecast*
weghardloop *run away*
weier *refuse, reject*
weiering *refusal, rejection*
wekker *alarm clock*
wel *well*
welgeskape *healthy*
welkom *welcome*
Welwillendheidsdag *Day of Goodwill*
wen *win*
wenkbrou *eyebrow*
wêreld *world*
wêrelddeel *part of the world*
werk *work*
Werkersdag *Workers' Day*
werkgeleenthede *job opportunities*
werkgewer *employer*
werkloos *unemployed*
werknemer *employee*
werktuigkundige *mechanic*
werkure *working hours*
westelik *western*
wetenskap *science*
wewenaar *widower*
wie? *who?*
wie se? *whose?*
wil *want to, wish to*
wildsbokke *buck, antelope*
wildebees *wildebeest*
wildplaas *game farm*
wildtuin *game reserve*
wind *wind*
windskerm *windscreen*
winskopie (-jagter) *bargain (hunter)*
winter *winter*
winterklere *winter clothes*
wintervakansie *winter holiday*
wit *white*
witbrood *white bread*
Woensdag *Wednesday*
woning *residence, house, dwelling*
woon *live*
woonstel *flat*
woonwa *caravan*
woord *word*
woordeboek *dictionary*
woordeskat *vocabulary*
woordverwerking *word processing*
wortel *carrot*
wou *wanted to*
wyd *wide*
wyn *wine*
wynkelner *wine steward*
wynlys *wine list*
wys *show*
wyser *watch hand*
wysie *tune*

yshokkie *ice hockey*
yskas *refrigerator*
yster *iron*

Index to Grammar Notes

The first number in each entry refers to the unit, the second to the section within the notes of the unit.